Photoshop CC 2015
SHUMA SHEYING HOUQI CHULI
JIANMING SHIYONG JIAOCHENG

# Photoshop CC 2015 数码摄影后期处理简明实用教程

于 嵩 ◎ 著

北京师范大学出版集团
BEIJING NORMAL UNIVERSITY PUBLISHING GROUP
安徽大学出版社

## 图书在版编目(CIP)数据

Photoshop CC2015 数码摄影后期处理简明实用教程 / 于嵩著. ——合肥：安徽大学出版社，2016.9

ISBN 978-7-5664-1184-6

Ⅰ.①P… Ⅱ.①于… Ⅲ.①图象处理软件—教材 Ⅳ.①TP391.413

中国版本图书馆 CIP 数据核字(2016)第 236473 号

## Photoshop CC 2015 数码摄影后期处理简明实用教程　　于　嵩　著

| | |
|---|---|
| 出版发行： | 北京师范大学出版集团<br>安 徽 大 学 出 版 社<br>（安徽省合肥市肥西路 3 号 邮编 230039）<br>www.bnupg.com.cn<br>www.ahupress.com.cn |
| 印　　刷： | 安徽省人民印刷有限公司 |
| 经　　销： | 全国新华书店 |
| 开　　本： | 184mm×260mm |
| 印　　张： | 24.25 |
| 字　　数： | 485 千字 |
| 版　　次： | 2016 年 9 月第 1 版 |
| 印　　次： | 2016 年 9 月第 1 次印刷 |
| 定　　价： | 28.00 元 |

ISBN 978-7-5664-1184-6

| | |
|---|---|
| 策划编辑：马晓波 | 装帧设计：李　军 |
| 责任编辑：马晓波　朱　楠　李月跃 | 美术编辑：李　军 |
| 责任印制：陈　如 | |

### 版权所有　侵权必究

反盗版、侵权举报电话：0551—65106311
外埠邮购电话：0551—65107716
本书如有印装质量问题，请与印制管理部联系调换。
印制管理部电话：0551—65106311

# 为老年人的美好生活增添色彩

王炜*

马鞍山市老年大学教师于嵩先生所著的《Photoshop CC 2015 数码摄影后期处理简明实用教程》即将由安徽大学出版社出版,邀我作序,我很高兴,特撰此文,以示祝贺!

随着生活水平和生活质量的不断提高,广大老年朋友退休后选择学习摄影,增长了知识,拓展了眼界,融入了社会,锻炼了身体,扩大了交往,平和了心态,开阔了心胸等等,真是好处多多。

摄影与其他艺术门类的区别在于讲究艺术和现代技术的有机结合,并随着现代科技的发展而发生深刻的变化。从早期的摄影到现在的摄影,摄影与化学、物理、机械、电子、材料、计算机技术密切相连。就拿现在大多数人使用的数码相机来说,好多名词术语是胶片相机所没有的,如像素、菜单、回放、删除、白平衡等等,要掌握相机的使用方法,首先应学习相关名称,才能操作相机,后期使用电脑处理照片。这就需要有好的教材,既要科学讲解操作背后的基本原理,又要符合老年人的学习特点,才能便于他们真正掌握知识,并把它们有效运用于实践。

于嵩先生所著的这本《Photoshop CC 2015 数码摄影后期处理简明实用教程》是马鞍山市老年大学出版的第六部校本教材,时代感强,技术性高,其最大特色和亮点就是关注中老年人的心理特质以及老年朋友掌握新知识的基本规律,尤其在技术性

---

\* 王炜,中共马鞍山市委常委、组织部长,马鞍山市老年教育委员会主任。

描述过程中,最大可能地做到简明扼要、通俗易懂,便于中老年人学习、掌握和应用,是一本地地道道的老年大学校本教材。

于嵩先生是一位青年教师,是中国摄影家协会会员,有多幅摄影作品参加国内外摄影大展并获奖。他热爱老年教育工作,到马鞍山市老年大学任教后,视老年学员为亲人,执教严谨,一丝不苟,勤于研究,注重积累,这本校本教材便是他多年心血的结晶。该书的出版发行必将有助于进一步激发更多的中老年摄影爱好者的摄影学习兴趣和自身潜力,帮助他们提高摄影制作技术与水平,让更多的中老年朋友在图片的调整和制作中,抒发自己内心的独特情感,诠释富有个性的精彩人生,表达美好生活的诗意情怀。我相信,这本书一定会为老年人的美好生活增添色彩。

习近平总书记对加强老龄工作重要指示强调,有效应对我国人口老龄化,事关国家发展全局,事关亿万百姓福祉。我们有责任、有义务把老年教育事业进一步推向前进,让广大老年朋友乐享美好的生活。

衷心希望热爱摄影的师生们乐于教,善于学,在老年教育这片充满活力的热土上奔放激情,享受人生,通过自己的阳光心态和视角让祖国的名山大川、历史古迹、花草树木呈现在精彩斑斓的镜头里,体现更多的人文地理、民俗风情、花鸟情趣及特性,以此装点自己幸福的生活、传播正能量。

是为序。

2016 年 9 月 27 日

# 前　　言

中老年朋友已经成为当今摄影队伍中重要的群体,他们时间充裕,阅历丰富,且有良好的经济基础。为了丰富自己的生活,很多中老年朋友都会选择将摄影作为自己的一项爱好来发展。现在的数码相机品种多,操作简单方便,实现了到手即能拍。

数码相机所拍摄的照片,往往都需要在电脑上进行一些后期处理,以达到良好的视觉效果,尤其是对摄影有追求的朋友,更需要通过后期处理来使照片具有一定的艺术水准。

但是摆在中老年朋友面前最大的难题,就是他们缺乏电脑知识和难以掌握数码照片后期处理技术,这阻碍了他们对照片艺术的进一步追求。再者,现在有关数码照片后期处理的书籍过于专业,涵盖面过于宽泛,自学起来难度很大。很多老年大学为了帮助有这部分需求的群体,开设了数码照片后期处理课程。

教授数码照片后期处理目前在老年大学尚未有完整系统的校本教材,笔者想通过本教材的撰写,详细地把数码照片后期处理所涉及的知识点系统地罗列出来,用最通俗的语言,尽可能简单易行的方式,立竿见影的后期效果让中老年朋友快速地了解和使用数码照片后期处理软件,掌握实用的功能。

本教材以目前最新的 PhotoShop CC 为教学软件(Camera Raw9.1),以安装 Win7 64位系统的电脑为操作工具,以单反(或微单)器材所拍摄的数码照片为讲解素材。

# 目 录

## 概 述

为什么要学一点数码照片的后期处理 …………………………………… 3
中老年朋友学数码照片后期处理遇到的问题与解决方法 ……………… 3
如何选择数码照片后期处理软件,如何配置电脑硬件 ………………… 5
使用 Photoshop CC 的准备工作 ………………………………………… 20
为什么拍摄时要把照片设置为 Raw 数据格式 ………………………… 24
Br 软件让你看图、选图和整理照片不再发愁 ………………………… 28
如何结合前期拍摄来进行后期处理 ……………………………………… 34

## 基础调整方法

让我们从打开 Ps 软件开始学习 ………………………………………… 39
看懂直方图 ………………………………………………………………… 51
记住工具栏的用法 ………………………………………………………… 54
了解图像基本单位——像素与分辨率 …………………………………… 106
如何理解选区的羽化 ……………………………………………………… 108
先从曝光、色彩等基础调整入手 ………………………………………… 112

学会视图缩放、照片尺寸缩放,并正确保存做好的照片 …… 140

学习几种调整图像的命令 …… 147

利用图层和蒙版进一步调整照片 …… 158

调整层使用更方便 …… 168

记住常用快捷键,提高做图效率 …… 173

模糊与锐化——初识内置滤镜 …… 177

接片技术让大场景拍摄不再困难 …… 191

## 进阶技术调整

神奇的 ACR,让你调整照片如虎添翼 …… 207

如何批量制作、转换和保存照片 …… 237

懂得光与色的原理,明白通道与色相环 …… 242

混合模式——Ps 的精华所在 …… 256

利用 Lab 效果调整照片 …… 266

利用 HDR 效果调整照片 …… 275

几种抠图与合成的好方法 …… 279

修复数码照片的瑕疵 …… 303

给照片加边框和文字,让照片更精美 …… 317

黑白照片的独特魅力 …… 338

安装自己喜欢的滤镜,丰富做图手法 …… 359

# 概 述
GAI SHU

# 索引

## 为什么要学一点数码照片的后期处理

摄影本身是一门艺术,拍摄者想通过镜头和照片确切地表达意境和内心感受,需要对所拍的照片按照自己的思路做后期处理。

摄影整个过程应该由前期拍摄和后期处理两部分组成。当你将数码相机对准景物完成测光、对焦、构图,然后按下快门,只是完成了摄影的前期工作;后期就是对所拍照片进行处理。只有这两部分工作全部完成,整个摄影过程才算结束。因为拍出来照片,不是一下就可以完美无缺的。我们在拍摄的过程中,会受到很多因素的影响,比如拍摄空间的光线变化、被摄物体因活动而产生的受光面的变化、测光的误差、抓拍过程中相机的倾斜等等。这些因素都会在我们所拍的片子中产生一定的不良视觉效果,而对数码相机拍摄的照片借助相应的后期软件来进行处理就能扬长避短。通过后期处理,不仅能把所拍摄的画面的优点充分展示出来,而且能把摄影者的思想感情传递到位,这样的照片观赏性才强。所以后期处理不仅是一种技术手段,更重要的是能体现摄影者的思想,只有经过后期处理才会使摄影作品具有艺术水准。

现在数码相机所拍的照片,也提供了足够的宽容度,可以让拍摄者用后期软件对色彩、影调等方面进行调整,利用修饰、合成等进行艺术加工,提升照片的内涵。

拍摄者在学会后期处理之后,也能很快地发现前期拍摄时的问题在哪里,因而可以指导和改进自己以后的前期拍摄,提高拍摄水平,这将形成一个良性循环。

总而言之,后期处理能对数码照片进行品质的提升、艺术的升华,摄影爱好者有必要进行学习。

## 中老年朋友学数码照片后期处理遇到的问题与解决方法

### 一、电脑基础知识薄弱

有很多热爱摄影的朋友都致力于钻研拍摄技术的提高,愿意背几十斤重的器材跋山涉水,却不愿意多学一点电脑知识,觉得太难了,不是自己能力所能达到的,我认为这完全是误解。其实我们并不是要大家成为电脑专业人员,只要学会一些基础的电脑操作技术,就完全够用了。现在很多老年大学都已经开设了相应的电脑基础操作课堂,花些时间去学习,很快就会掌握的,而且学会电脑使用,也会为其他领域的学习提供有益的帮助。

## 二、对后期软件使用有畏难心理

能够通过学习达到对专业软件的熟练使用吗？很多中老年朋友都会有这样的担心。Photoshop这样的专业软件要想全部学会，是有相当难度的，但是摄影爱好者并不需要学会软件中所有的使用操作，只需要掌握针对数码照片处理的那一部分即可，难度并没有那么大。

有的摄影爱好者会选择简易的数码后期处理软件，在要求不太高的使用环境中，应该也是可以的，但当今计算机图像处理技术仍然是Photoshop占主导地位，它对数码照片的后期处理所达到的精准程度尚没有其他同类软件能与之抗衡。所以要坚信学会专业后期处理软件的使用后，能使自己的数码照片的艺术水准有质的提高。

## 三、前学后忘

中老年朋友常会感觉上课听懂了，下课就忘记了，回家打开电脑更是茫然，时间久了就会失去兴趣。这就需要大家在课堂上认真听，认真记笔记，购买一本与上课内容相关的书，边练习边参照，将重要步骤圈出来。这样，只要在课堂上能够初步掌握，回家温习就很方便。最好能找一张自己所拍照片进行练习，这样进行反复操作，基本上可以掌握一个知识点。长期累积，就能比较完整地学会主要的后期处理技能。

## 四、没有适合的教材

选一本好教材等于找到一位好老师，在学习的过程中会少走很多弯路。现在市面上数码照片后期处理教材林林总总好多种，但是真要选一本比较适合中老年朋友学习的却很难。很多后期处理教材内容都过于宽泛，涉及面太广，或东拼西凑一些照片处理花哨功能，如果选用这样的教材，往往花费了时间最后却弄得一头雾水，对数码照片后期处理技艺提高帮助不大。所以，一定要挑选一本系统讲解数码照片后期处理的教材，这样学起来才会思路清晰，循序渐进，真正学到数码照片后期处理的有用知识。

在数码照片后期处理上，既不要过分夸大其作用，也不要轻视具体操作，应该抱有平常心，最重要的是利用这样有效的后期处理工具创造出符合大众审美的好作品来。

# 如何选择数码照片后期处理软件,如何配置电脑硬件

## 一、如何选择数码照片后期处理软件

随着数码相机和计算机技术的发展,与之配套的数码照片后期处理软件种类也日益丰富,有较为简单的,也有很专业的。但 Photoshop(以下简称 Ps)软件一直是后期处理软件中最具有权威性的一款,是图像处理的行业标准,它有那些简易后期处理软件所不能比拟的效果。

后期处理过的照片画质肯定会有损失,关键看损失多少,Photoshop 作为专业后期处理软件注重的是精确调整和输出质量,虽然操作起来稍微复杂一些,但它保留的细节最为完整,其他软件都比不上它。对于摄影来说,照片质量决定一切,所以要从艺术的角度对一张照片作后期处理,Photoshop 是不二之选。

Photoshop 软件自从 1988 年推出商用版本以来,经过 20 多年的发展和版本更新,目前最新的是 Photoshop CC 2015 版。

图 1　Ps CC 2015 版软件启动界面

## 二、如何配置电脑硬件

Ps 这样的专业数码照片后期处理软件,对于硬件安装也是有要求的,否则会出现无法安装、运行缓慢、效果不佳等现象。下面推荐两种配置,大家可以根据实际使用情况和经济能力来选择购买或升级。

| 1. 普通版 | 2. 增强版 |
| --- | --- |
| CPU:intel 酷睿 i3 | CPU:intel 至强 E31,231V3 或 intel 酷睿 i7 |
| 华硕主板,要带有 3.0 USB 接口 | 技嘉主板,主板支持 sataIII |
| 独立显卡,1G 显存,要有 DVI 或 DP 接口 | 独立显卡,2G 显存,要有 DVI 和 DP 接口 |
| 8G 内存,1T 硬盘 | 16G 内存,128G 固态硬盘(只安装系统,不分区)+2T 硬盘 |
| 其他硬件可以根据需要配置 | 其他硬件可以根据需要配置 |
| 显示器 22～24 吋 | 显示器 24 吋或以上 |

### 友情提醒

CPU 是决定做图速度的主要核心部件,请按推荐选择;显示器可以选择质量稍好的,建议选千元以上主流品牌;硬盘的大小可以根据自己要存储照片的数量来选择。1T～2T 的硬盘性能最为稳定;显卡用来处理和转换照片像素信息,显示屏幕视图数据,独立显卡使用更为流畅;为了快速高效地查看和制作照片,提升 Ps 软件运行速度,8G 内存必不可少,预装 Win764 系统,Win XP 系统是不支持 Photoshop CC 的;其他情况可咨询专业电脑安装人员。

### 三:如何应用安装软件

1. 安装 Photoshop CC。

(1)在网上找到并下载一个 Adobe Photoshop CC 2015 软件包,通常是压缩包,需要解压成正常的安装程序包;

Adobe CC 2015

图 2  Ps CC 2015 **软件包**

注意:保证自己是首次安装,之前没安装过 CC 版本的同类软件(否则可能失败),如果已有类似软件,请先卸载干净。

(2)断开操作电脑与互联网的链接,关闭路由器或拔出网线均可。

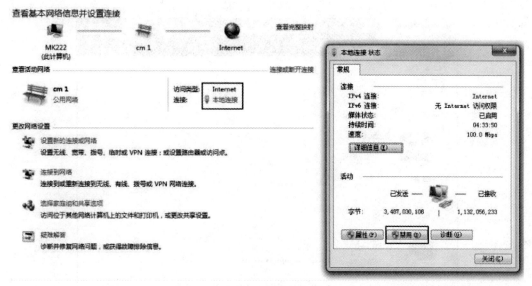

图 3　计算机断网操作

(3)打开安装程序包,找到 Adobe CC 2015 文件夹下的红色的 Set－up.exe 应用程序,双击安装。

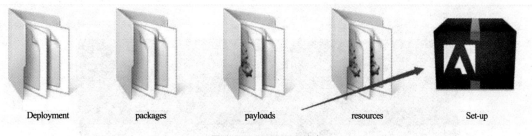

图 4　Ps CC 2015 程序包

(4)出现以下对话框,点击【忽略】,这时进入安装初始化程序,进度条会显示初始化进度。

图 5　安装程序 1

图 6　安装程序 2

(5)出现下面的对话框,点击【试用】,此时应该是断网状态,再点击【以后登录】。

图 7　安装程序 3

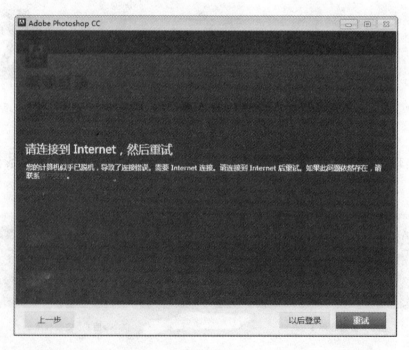

图 8　安装程序 4

(6)安装对话框弹出,点击【接受】。默认安装语言为"中文简体",默认安装盘为C盘。点击【安装】。

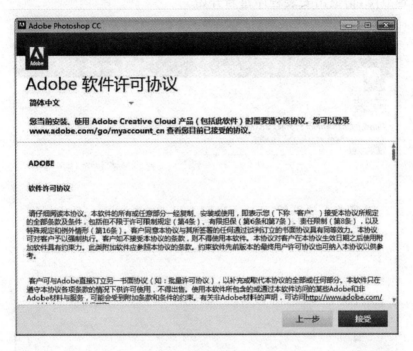

图 9　安装程序 5

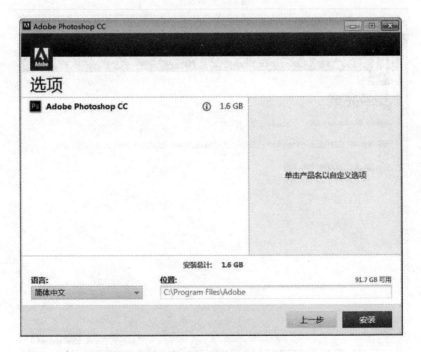

图 10　安装程序 6

(7)安装开始进度条开始显示,安装时间应该在 1~3 分钟,成功后将出现"安装完成"字样,点击【立即启动】即可进入 Ps 主页面;如果进度条停滞时间过长,说明安装过程出现故障,请退出安装程序重新开始。

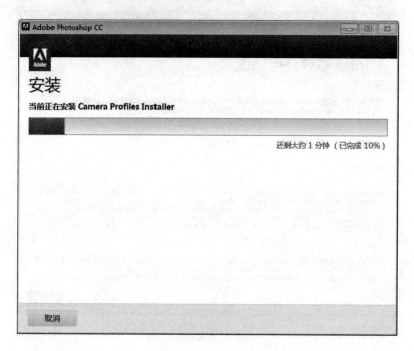

图 11　安装程序 7

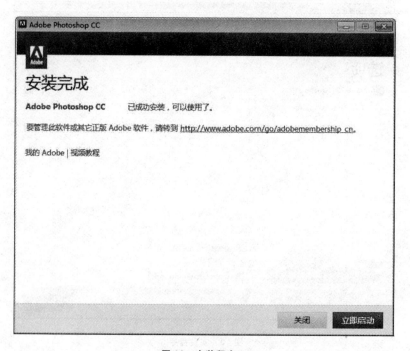

图 12　安装程序 8

（8）以上步骤完成，可以连上互联网。试用版允许使用的时间为 30 天，如果想长期使用需要购买正版软件。

2. 延长 Photoshop CC 使用期限。

（1）下载 Photoshop CC 延期补丁。一般来说，这个补丁已经在 Photoshop CC 2015 软件包里了，只需找到并打开，找到 x64 文件下面的 amtlib.dll 文件，点击鼠标右键"复制"该文件。

Adobe photoshop CC 破解补丁

X64

X86

amtlib.dll

图13　补丁软件包　　　　图14　64 位与 32 位补丁包　　　　图15　64 位补丁文件

（2）关闭 Ps 软件主页面。将复制好的文件，替换原安装文件中的同名称文件。原安装文件路径：C:/Program Files/Adobe/Adobe Photoshop CC 2015。找到这个位置，点击鼠标右键，将刚才复制的文件"粘贴"，弹出对话框，然后点击【复制和替换】即可。

图16　补丁文件替换

11

(3)还是在安装文件路径 C:/Program Files/Adobe/Adobe Photoshop CC 2015。里找到 Ps 蓝色小标志,鼠标右键点击它,找到"发送到(N)"→"桌面快捷方式",这样就可以在你的电脑桌面上直接找到 Ps 软件图标,点击就能进入主页面,且不会弹出试用 30 天的提示对话框。

图 17  创建 Ps 启动程序的桌面快捷方式          图 18  Ps 桌面快捷方式标识

(4)升级 Camera Raw 滤镜。数码相机每年都会有新型号上市,Ps 要想打开所有数码相机所拍摄的 RAW 格式文件,就需要不断升级 Ps 中 Camera Raw 的版本,默认版本可能是 8.0 左右的版本,目前针对数码摄影照片后期处理的稳定版本为 Camera Raw9.1。

下载 Ps Camera Raw9.1 文件,解压后,双击图标自动安装,且耗时很短。如果 9.1 版本仍然打不开你相机所拍摄的 Raw 格式的文件,可再次升级至 9.7 版本。今后会有更高的版本推出,可以根据需要下载安装。

CameraRaw_9_1

图 19  Camera Raw9.1 升级执行文件

双击图标,点击【Install】开始自动安装;安装完毕,点击【Finish】完成。

Ps 概 述

图 20　升级步骤 1

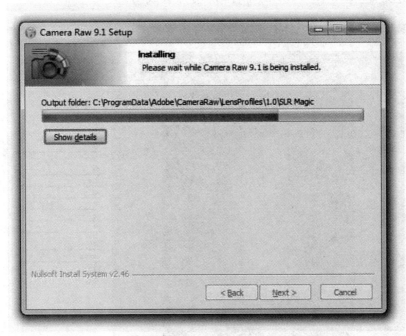

图 21　升级步骤 2

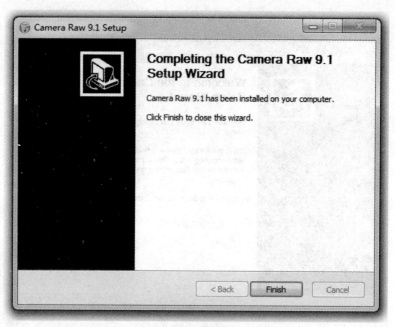

图 22 升级步骤 3

（5）验证 Camera Raw9.1 的成功升级。双击桌面 Ps 图标，打开软件，找一张 Raw 格式照片（佳能相机后缀名.CR2，尼康相机后缀名.NEF）进入软件内，对话框左上角将出现 Camera Raw9.1 的字样，说明升级成功。

图 23 升级成功示意

如果出现 Camera Raw 的版本不是 9.1,说明没有升级成功,应再进行以下操作:

①在网上下载 9.1 版本 Camera Raw.8bi 文件,这个文件很小,应该很容易找到。

②将该文件替换安装文件中的老版本 ACR。安装路径:C:/Program Files/Common Files/Adobe/Plug－Ins/CC/File Formats

③下载好 Camera Raw 文件后,鼠标右键点"复制",找到安装路径后,鼠标右键点"粘贴"。

④出现对话框,点击【复制和替换】。

Camera Raw

图 24　9.1版本 Camera Raw.8bi 文件

图 25　Camera Raw.8bi 文件替换

⑤再次重复步骤 4 的安装。

3. 安装 Bridge CC(简称 Br 软件)。

(1)Bridge CC 的安装与 Photoshop CC 的安装非常类似,且步骤要简单一些。在网上找到并下载一个 Adobe Bridge CC 软件包,通常是压缩包,需要解压成正常的安装程序包。

(2)打开安装程序包,找到 Adobe CC 2015 文件夹下的红色的 Set－up.exe 应用程序,双击安装。

Adobe CC 2015

图 26　Bridge CC 软件包

图 27　Bridge CC 安装程序文件

（3）安装对话框弹出，点击【接受】。默认安装语言为"中文简体"，默认安装盘为 C 盘。点击【安装】。

图 28　安装程序 1

图 29　安装程序 2

(4)安装开始进度条开始显示,安装时间应该在 1～3 分钟,成功后将出现"安装完成"字样,点击【立即启动】即可进入 Br 主页面。

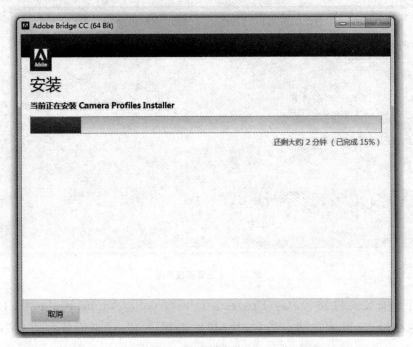

图 30　安装程序 3

图 31　安装程序 4

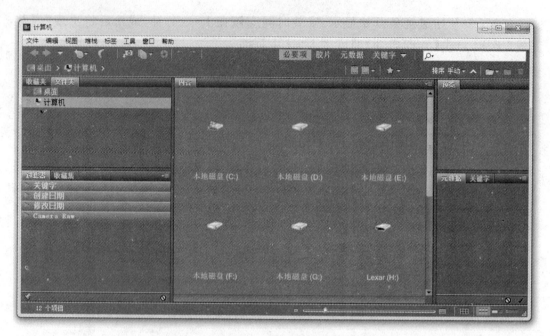

图 32　Br 主页面显示图

（5）打开安装文件路径：C:/Program Files/Adobe/Adobe Bridge CC（64Bit）找到 Br 橘色小标志，鼠标右键点击它，找到"发送到（N）"→"桌面快捷方式"这样就可以在你的电脑桌面上直接找到 Br 软件图标，点击就能进入主页面。

图 33　创建 Br 启动程序的桌面快捷方式　　　　　　　　图 34　Br 桌面快捷方式标识

**友情提醒**

网上下载的软件包可能有版本的不同,具体安装步骤也可能略有差异。

(6)Br软件是一个浏览软件,使用方法后面的课程会介绍。在Br软件打开后,找到存放照片的文件夹,不管是JPG还是Raw格式的照片都能正常浏览(佳能相机后缀名.CR2,尼康相机后缀名.NEF),说明安装成功。

图35　Br软件可以图示所有文件格式

如果Br软件安装完毕,能正常打开软件,但不能完整查看Raw格式照片,请重复前文Camera Raw升级步骤。

# 使用 Photoshop CC 的准备工作

## 一、启动与退出

因为之前安装 Ps 软件时,已经将图标快捷方式置于电脑桌面,所以用鼠标直接双击图标,即可启动软件。启动后如果弹出"增效工具"一类对话框,可以直接关闭,不会影响使用。

在 Ps 软件工作界面,窗口右上角有三个操作按钮,分别为最小化、最大化、关闭退出。

点击最后一个,就退出 Ps 软件工作界面了;还可以在菜单栏里点击【文件】找到最后一项点击【退出】;愿意使用快捷键的话,按住 Ctrl 键,同时按下字母 Q 键,也能实现关闭功能。

**友情提醒**

使用关闭退出功能前,请确认图像是否已经保存,否则会造成数据丢失。

图36　关闭 Ps 界面

图37　退出 Ps 界面

## 二、对 Ps 软件进行预设和优化

为了使软件运行顺畅,关闭一些不用功能,优化设置是很有必要的。

1. 使用鼠标滚轮缩放照片。打开 Ps 软件,在菜单栏里点击【编辑】,找到最后一栏【首选项】→【常规】,找到【工具】,勾选【用滚轮缩放】,这样在 Ps 界面看图时,可以直接用鼠标滚轮进行缩放,非常方便。

可以同时把【启用轻击平移】【带动画效果的缩放】前面的勾去掉,点击右上角【确定】。

图 38　首选项菜单

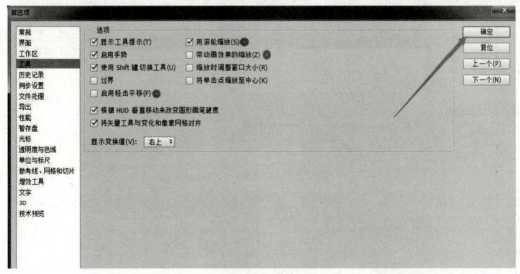

图 39　首选项工具设置

2. 优化操作性能。在 Ps 软件界面中,在菜单栏里点击【编辑】,找到最后一栏【首选项】→【常规】,把"让 Photoshop 使用"的三角形进度条设置到 80% 左右,将【历史记录状态】中数字改为 50~100,把【高速缓存级别】改为 7,点击右上角【确定】。

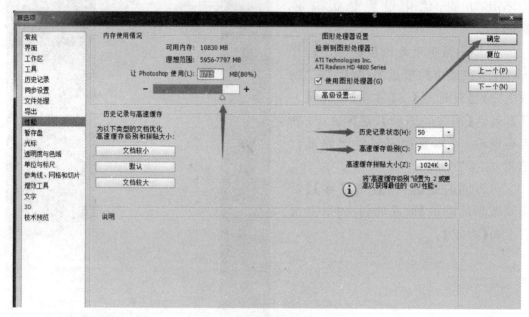

图 40　首选项性能设置

3. 设置暂存盘。在 Ps 软件界面中,在菜单栏里点击【编辑】,找到最后一栏【首选项】→【常规】,点击【暂存盘】,勾选除 C 盘(C 指的是系统盘)以外的任何剩余空间量较大的磁盘,点击右上角【确定】。

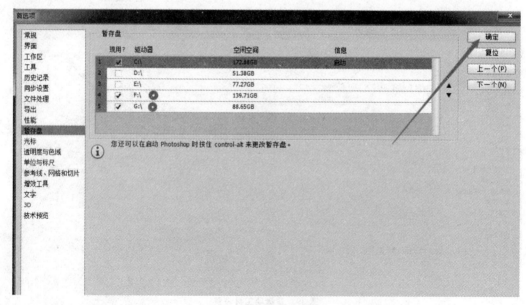

图 41　首选项暂存盘设置

4. 设置 Ps 垃圾站,提高运行速度。Ps 界面里,在菜单栏里点击【编辑】,找到最后一栏【首选项】→【Camera Raw】,点击【选择位置】,找一个除 C 盘以外的任何剩余空间量较大的磁盘,新建一个文件夹;为了方便记忆,通常用"Ps 垃圾站"这样的名称,点击右上角【确定】。

这样做的目的是不要让 Ps 操作中记录的无用中间过程占用 C 盘空间,从而提高系统运行速度。

5. 设置打开方式。如果希望打开 JPG 或 TIFF 格式的文件先进入 Camera Raw 滤镜界面,可以在【JPEG 和 TIFF 处理】的选

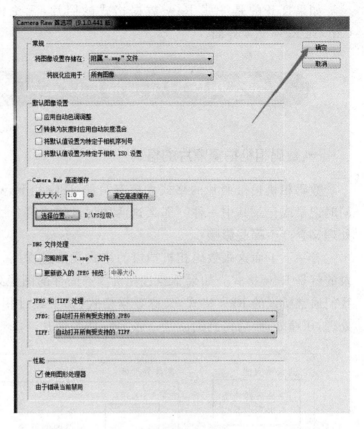

图 42　Ps 垃圾站的设置

择框里找到第三项"自动打开所有受支持的 JPEG"选择;如果需要打开的 JPG 或 TIFF 格式的文件直接进入 Ps 界面,选择第一项"禁用 JPEG 支持",点击右上角【确定】。

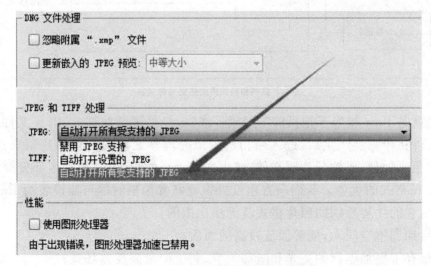

图 43　Camera Raw 滤镜界面打开方式设置

如果打开的是一张 Raw 数据格式的照片,无论何种设置,都会直接先进入 Camera Raw 滤镜界面。

## 为什么拍摄时要把照片设置为 Raw 数据格式

### 一、数码相机拍摄照片的格式

数码相机拍摄照片的格式大概有两种:JPG 和 Raw,单反相机也可以两种格式同时记录或记录其中一种。那么这两种记录格式有什么区别?对于数码照片后期处理又会产生哪些影响?

看一下下面这张数码相机拍摄的格式成像过程图,你就会发现,相机最原始记录的就是 Raw 格式。如果不经过相机内部固件的图像处理,直接存储在卡里,就是我们通常所说的 Raw 格式,又称数据格式;如果经过相机内部最终图像处理(色彩处理,压缩处理)后得到的就是一张 JPG 图像照片。

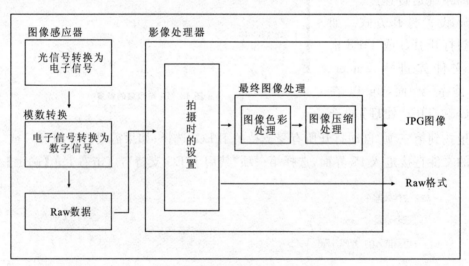

图 44　数码相机拍摄的格式成像过程

结论就是 Raw 相当于拍摄的"原材料"或"未经处理的数据"。Raw 文件包含了原照片文件在传感器产生后,进入照相机图像处理器之前的一切照片信息;JPG 是通过图像色彩处理,压缩照片原文件,减少文件大小而得到的,牺牲了部分画质。

1.Raw 格式的优势。我们一直建议摄影爱好者拍摄时尽可能设置为 Raw 文件格式,因为它的优势是别的照片格式所无法比拟的:

(1)后期调整空间大,能够保证较高的画质;

(2)保存了更加丰富的高光和暗部细节,利于记录高反差场景;

(3)可以精确调整白平衡、锐度、饱和度;

(4)影调过渡平滑，不会出现色彩断裂和像素化；
(5)拍摄时难以判断的设置，如照片风格、锐度、对比度等都可以在后期进行处理；
(6)后期处理全都是无损失并且过程可逆。

比较下面两张照片，第一张是 Raw 格式，经过 Ps 软件后期处理得到的效果，细节完整，照片通透；第二张是 JPG 格式，虽然经过 Ps 后期处理，但色调晦暗，左上角天空部分，高光细节几乎全部丧失。

图 45　Raw 格式文件后期处理效果　　　　图 46　JPG 格式文件后期处理效果

我们再来看看 Raw 格式照片暗部细节。下面是一张严重曝光不足的照片，一般看来几乎难以挽救。如果拍摄照片为 Raw 格式，经过后期处理得到的效果见图 48；如果拍摄照片为 JPG 格式，经过后期处理得到的效果见图 49。

图 47　拍摄原图

图 48　Raw 格式文件后期处理效果　　　　图 49　JPG 格式文件后期处理效果

我们会惊奇地发现，Raw格式照片经过后期提亮、暗部加强、色彩调整等步骤后，效果非常好，细节几乎完美体现；而JPG格式照片用同样的手法进行调整，依然有很多暗部的细节没有了，最重要的还出现了严重的像素化的色块，尤其在人物皮肤部分，更为明显。

通过这两组案例比较，大家可以看到Raw格式照片在后期处理方面具有很多优势，所以要想得到一张画质细腻、质量上乘的照片，一定要在数码相机上选择Raw格式这一档进行拍摄。

但是Raw格式本身具有很多人不能接受的缺点：浏览困难，文件体积大，比一张同样JPG格式的照片要大5～10倍；传播不方便，不能很好地在互联网分享；影响相机连拍能力；后期处理流程步骤多等等。

既然有缺点，我们就尽量想办法扬长避短。之前我们教大家安装了Br软件，这是一款可以打开任何格式照片的软件，现在部分新版本浏览器也可以直接查看Raw文件。市场上主流高速数码相机存储卡容量大，读写速度快，已经完全可以满足Raw大文件要求，也为相机连拍提供了保障。关于照片批量修改转换在本书中都有介绍，只要大家学会了，制作和分享的问题都将迎刃而解。

2. 不同相机的Raw数据格式。不同品牌的数码相机所拍摄的Raw格式照片后缀名都不一样，下面列举几款常用相机的Raw格式照片后缀名：

| 佳能（Canon） | .CR2 |
| :---: | :---: |
| 美能达（Minolta） | .MRW |
| 尼康（Nikon） | .NEF |
| 奥林巴斯（Olympus） | .ORF |
| 宾得（PENTAX） | .PEF |
| 索尼（SONY） | .ARW .SRF .SR2 |
| 富士（FinePix） | .RAF |

3. 对Raw格式的误解。经常会有初学摄影的朋友说，自己拍出来的JPG格式的照片，无论是色彩饱和度还是明亮度都要比Raw格式的照片好很多，就像下图所示一样，为什么还要选择Raw格式？这其实是误解。

图50　Raw格式与JPG格式照片显示区别

Raw格式是未经加工的原始数据文件记录感光元件采集到的全部数据,相机本身没有对照片进行任何处理,所以看上去发灰发暗,但可以提供最大的空间让你自由创作。JPG格式是经过数码相机内部程序加工过的成品,已经对色彩亮度、锐度等进行处理了,看起来美观精致;它压缩了文件的体积,把一部分数据删除掉了,留给你再次处理的空间就小了很多。

举个例子,Raw格式文件相当于你在菜市场买的各种食材,Ps后期处理相当于你的厨艺。一条新鲜的鱼,你可以根据喜好红烧、清蒸、糖醋或是烧鱼汤,可以清淡一点,也可以辣味重一点,做出来让亲朋好友吃了都说好。JPG格式相当于你到饭店点的一道红烧鱼,是饭店厨师做的,也许适合你的口味,也许不适合,但不管味道怎么样你都得接受,即使你把这条鱼打包回家想重新回炉,也只能在红烧的基础上稍微再加工一下,但无论如何鱼肉也回不到鲜嫩的程度,更不可能改成清蒸之类。

## 二、Ps软件存储格式

数码照片经过Ps软件(或Camera Raw滤镜)的后期处理,最后总是要存储在你的硬盘里,Ps软件提供了相当多的存储格式,我们来分析一下几种主要格式。

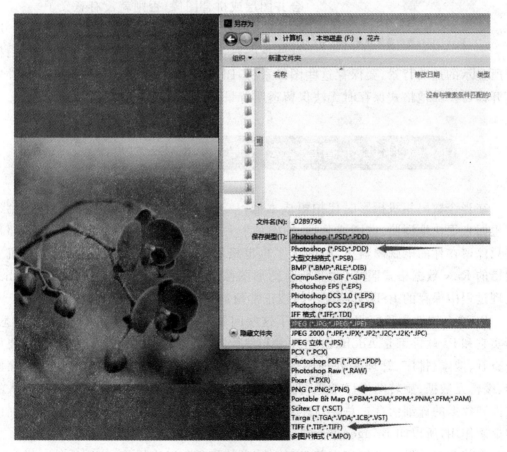

图51　图片保存格式选择菜单

1. 最常用的 JPG 格式。一般来说，一张照片经过后期制作完成后，你不再对结果做较大改动，以 JPG 格式保存是比较适合的，它的数据量会被压缩在 20 兆之内，保存、传输、打印、分享都是比较方便的，但画质会受到一定的影响。

2. 为了以后还能继续修改的 TIFF 格式。TIFF 是一种比较灵活的图像格式，是现存图像文件格式中较复杂的一种，具有较强的扩展性、方便性、可改性，保存时极少数据量被压缩，被用于今后对成品照片还有较大改动，又不想重做原来 Raw 格式的情况。TIFF 格式存储数据量比较大，都在百兆左右，对硬盘占用空间会很大，浏览打开速度会比较慢。

图 52　保存透明背景效果

3. 能保存制作步骤的 PSD 格式。这是 Ps 软件自身有的一种格式，使用其他看图软件基本无法浏览，只能被 Ps 软件打开。它的优势是能保存后期制作过程中所有中间步骤，包括图层蒙版通道等图像特征信息，再次打开时，仍然能够看到以前制作的步骤。在做图中间需要外出，但图像又尚未制作完成，以这种格式保存最有利。但这种格式存储数据量也比较大，而且保存前一定不能合并图层或拼合图像，否则就没有意义了。

4. 抠图后能保存透明背景的 PNG 格式。Ps 软件抠图后，为了合成方便，一般背景都是灰白格子所显示的透明背景，要保存这些图像素材，PNG 格式最合适，使用时在 Ps 软件中打开即可。其他格式保存时无法保留透明背景。

## Br 软件让你看图、选图和整理照片不再发愁

在当今数码相机摄影时代拍摄成本低，一天的外出采风就可以拍几百上千张，要想回来很快地浏览、选图或分类，的确是个大工程。如果没有好的软件，很多照片将只停留在你的电脑硬盘里，时间久了再也想不起来去查看了。还有，单反相机所拍摄的 Raw 数据格式照片，并非所有图形图像软件都能预览和打开，在 Photoshop 处理过程中保存的 PSD 文件也不能被正常预览。

Br 这个软件为我们很好地解决了这些问题。不少影友对这个软件尚不熟悉，其实它和 Ps 软件都是 Adobe 公司开发和发行的，是一款浏览器性质的软件，主要用来查看、搜索、排序、管理和处理图像文件，可以对文件进行重命名、移动和删除操作、编辑元数据、旋转图像以及运行批处理命令，还可以查看有关从数码相机导入的文件和数据的详细信息。总之，这个软件起到了从拍成照片到后期处理之间的辅助和衔接作用，所以叫 Bridge，很形象。

之前章节已经讲过如何安装 Br 软件，它的打开与退出操作与 Ps 软件一样。

## 一、预览看图功能

Raw 数据格式照片和 PSD 格式照片用普通浏览软件无法打开。

图 53　普通浏览器图示效果

打开 Br 软件,在界面左侧栏上部分,就可以在电脑里找到你要打开的文件夹,或直接用读卡器预览数码相机存储卡里的照片,可以轻松浏览所有格式的照片。

图 54　Br 软件图示效果

## 二、放大、缩小预览图

可以在同一屏幕中查看缩略图和大的预览图。在界面的右下底部有一个分割滑块让你调整缩略图尺寸大小,可以将缩略图调得很小或将缩略预览图调得极大。在同样显示屏幕面积中,可以任意调整照片显示的数量。

图 55　Br 软件预览图调节

如需全屏查看一张图,只需将鼠标左键单击点中这张图(不要双击),按"空格键"即可,再按一次"空格键"切换返回;在全屏查看状态下,点击鼠标左键,可100%放大查看这张照片,再点一次鼠标左键,切换返回全屏状态。

### 三、信息查看功能

点击一张你想查看的照片,单击鼠标左键,在界面右侧信息栏"元数据"和"相机数据"中就可以看到这张照片信息。

图56  Br软件信息查看功能菜单

如果要查看照片曝光参数,可以点击右下角"以详细信息查看"。

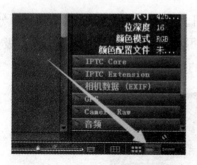

图57  Br软件预览方式选择菜单

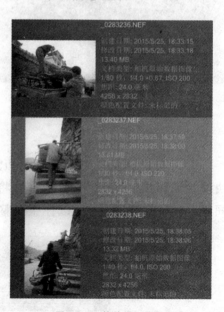

图58  Br软件详细信息查看

返回可以点右下角"以缩览图形式查看"。

图59　Br 软件缩览图形查看

## 四、Br 软件筛选功能

在界面的左侧栏"过滤器"下有很多子栏目，分别标记着该属性下符合条件的照片数量。比如要找 ISO 感光度为 1000 的照片，标记有 4 张，点击这一栏，界面将自动显示这 4 张符合信息的照片。当然还可以按曝光时间或光圈值等来筛选照片。

## 五、标记照片功能

1. 星标。当你用鼠标点击选择一张照片，按住 Ctrl 键，同时按下数字键 1，可以给照片标记 1 颗星，按住 Ctrl＋2 可以给照片标记 2 颗星……Ctrl＋5 标记 5 颗星；如果要取消星标，再次点中被标记的照片，按 Ctrl＋0 即可取消。

2. 色标。当你用鼠标选择一张照片，按住 Ctrl＋6 可以给照片标记上红色，按住 Ctrl＋7 可以给照片标记黄色，Ctrl＋8 为绿色，Ctrl＋9 为蓝色；如果要取消色标，再次点中被标记的照片，按住 Ctrl＋颜色所对应的数字即可取消。比如要取消照片红色标记，再按一次 Ctrl＋6 就可以了。

图60　Br 软件按感光度筛选功能

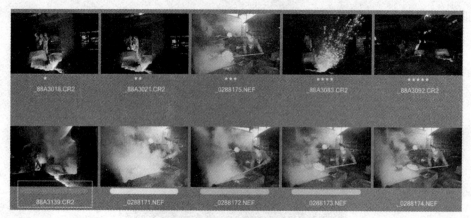

图 61　Br 软件筛选功能色标使用

3. 分类。我们可以利用星标或色标，对挑选出来的照片进行分类，以方便下次从大量的照片中再次查找，不需要另建文件夹，节省电脑硬盘或移动介质的存储空间。

比如，将下面文件夹中拍得比较好的照片都用一颗星标记，风景类照片都用两颗星标记，人物类照片都用 3 颗星标记，重要的照片都用 5 颗星标记。这样找照片时，只需点击界面右上角的☆，找到你想找的星的颗数，软件就直接把你所要的照片筛选出来了，点击"清除筛选器"就回到正常浏览界面，非常方便。

因为标记是生成一个很小的记录文件，如果更换存储位置，需要连记录文件一并移动。否则不记录标记效果。

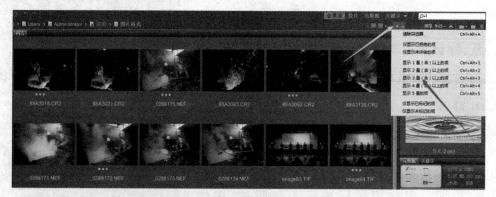

图 62　Br 软件星号标记

图 63　Br 软件自动筛选功能

### 六、照片可直接进入 Ps 界面

如果要将挑选出来的照片,进入 Ps 软件或 Camera Raw 滤镜中进行后期调整,可以选择:

1. 在 Br 界面,选中需要打开的照片,然后单击鼠标右键,在弹出的菜单栏里选择"打开"或"打开方式"默认的 Adobe Photoshop CC 命令即可。

2. 更为方便的打开方式是,直接双击照片,就能启动进入 Ps 界面或 Camera Raw 滤镜中。

3. 如果一次要在 Ps 中打开多张照片,可以在 Br 界面中,先进行多选,然后再执行 1 或 2 的步骤。

图 64  Br 软件照片打开菜单选择

### 七、如何在 Br 软件界面复制、移动、删除照片

这几项操作和电脑自带的系统操作基本一样,有一定电脑技术基础的朋友很好掌握。

1. 在 Br 界面中要复制照片或整个文件夹,可以先选中,点击左上角【编辑】→【移动】,或点击鼠标右键,在菜单栏里选择【复制】;也可以选中照片或文件夹,点击【拷贝】,然后找到目标文件夹,点击鼠标右键,在菜单栏里选择【粘贴】。

2. 要移动照片或整个文件夹至另外的存储空间,可以先选中,点击鼠标右键,在菜单栏里选择【复制到】目标文件夹;如果文件不需要保留当前存储空间,可以点击【移动到】目标文件夹。也可以选中照片或文件夹,点击鼠标右键,在菜单栏里选择【拷贝】,然后找到目标文件夹,点击鼠标右键,在菜单栏里选择【粘贴】;如果文件不需要保留当前存储空间,点击鼠标右键,在菜单栏里选择【剪切】,然后找到目标文件夹，点击鼠标右键，在菜单栏里选择【粘贴】。

3. 选择所要删除的照片或文件夹，点击鼠标右键，在菜单栏里选择【删除】，对话框点【确定】；或者选择后，直接在键盘上点击"Delete"键，对话框点【删除】。

## 如何结合前期拍摄来进行后期处理

虽然后期处理可以改善和提升照片品质，但也不是所有照片都能通过后期处理获得理想效果。为了让数码照片在后期处理中，具有更强的可塑性，就要在前期拍摄时注意一些事项，以增大后期处理空间。

### 一、数码相机设置拍摄尺寸格式为最大

在存储卡的空间足够大时，应尽量保证这一点，因为前期拍摄往往会构图不理想，需要后期二次裁剪，这样会使得照片尺寸变小，像素损失，影响照片品质，今后打印输出也会不能满足要求。

### 二、一定要选用 Raw 数据格式

前面已经介绍过 Raw 格式的优势，它是一种无损的记录格式，在后期处理中会有较大的调整空间，所以在拍摄前，要在数码相机菜单里设置好。

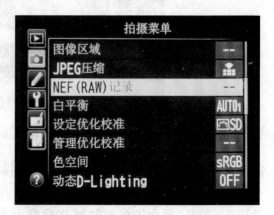

图 65　佳能数码单反相机 Raw 数据格式设置菜单　　图 66　尼康数码单反相机 Raw 数据格式设置菜单

### 三、哪些拍摄失误是后期能够改正的

1. 由于设置不当，造成拍摄的照片出现曝光不准确、过曝或欠曝的情况。如今的数码相机动态范围都比较大，正负 2～3 档的曝光失误都能通过调整纠正回来，但最好在拍摄之后，在相机中查看直方图，保证两边不升起来；也可以设置曝光警告，这样能保证照片处于可调范围之内。

2. 拍摄时相机没有端平，出现地平线或水平面倾斜。手持相机拍摄，有微小倾

斜或者变形是很正常的,后期使用旋转拉直等功能,剪裁画面就能令其保证水平。

3. 白平衡或色温不准。在数码相机拍摄中,使用 Raw 数据格式,其白平衡和色温数据没有被改变,即使是显示不准,后期也可以任意调整而不会破坏画质;JPG 格式输出的照片就很难做到了。

4. 照片拍摄时画面中无法避免的、又不影响主体的微小瑕疵。拍摄中常有无法避开的杂物,如电线、远处的行人、地上的烟头,这些你并不想摄入画面,但你又难以改变这样的场景,建议大家不要有顾忌,先拍下来,只要不影响拍摄主体,后期完全可以用工具去除。

### 四、哪些拍摄错误是后期不能挽救的

1. 由于对焦不准确,造成拍摄主体脱焦模糊。这是摄影新手常出现的问题,没有正确设置对焦模式,或者快门设置过低,手持不稳,拍摄了虚焦的照片,因相机屏幕很小,回放的时候没有仔细看,以为拍的是清楚的,其实不然。建议把照片放大后观察,如果发现主体模糊,请立即重拍,否则照片等于作废了。

2. 拍摄参数设置错误,严重曝光不足,出现死黑,或严重曝光过量,白色失去细节。后期调整宽容度虽然很大,但也有一定范围,超出调整范围的曝光,也是不能挽救的,所以查看直方图很重要。一旦发现两端已经爬墙了,就要重新设置正确的相机曝光参数,再次补拍。

图 67　严重曝光不足

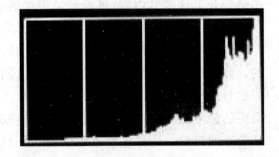
图 68　曝光过量

3. 没有长焦镜头,拍摄远处很小景物,希望通过后期裁剪放大得到。这样拍到的小景物实际上放大了看,已经几乎没有细节了,裁剪后所剩的像素已经不能满足画面的需要,后期插值处理也无法还原本来的面貌。

4. 拍摄没有思想内涵的照片。一张好照片的灵魂在于它的思想性,这是拍摄者按下快门所传递出来的情感。如果照片拍出来缺乏内涵,那照片就失去了生命力。这种人类赋予照片深刻内涵的能力,不是靠后期软件就能够做到的,它由拍摄者对社会的认知、对美学的了解以及丰富的阅历综合凝练而成。

### 五、对于后期处理认识不要走极端

1. 排斥心理。一种说法认为摄影应该是纪实性的,不应该对照片进行后期处理,后期处理过的照片就不真实了,等于是在造假。

由于数码相机电子构造并不一样,所拍出来的照片也会有差别,这样使得摄影人根本不可能拍摄出和自然界所呈现的影像完全一样的照片来,后期是摄影人凭自己对自然界审美趣向而作出的一种处理方式。即便你用 JPG 格式直接输出,其实也是经过了数码相机内部程序处理完毕后看到的影像。所以后期处理不是让画面变得更假了,而是变得更真了,更符合摄影者眼中的世界了。

只要我们掌握后期制作的尺度,不过分夸张,根据需要做后期处理,达到真善美的要求就可以了。

2. 过分夸大。觉得后期处理非常厉害,只要动动鼠标键盘,就能化腐朽为神奇,照片拍成什么样都无所谓,只要会后期处理,就能做出好照片。

所有的摄影后期处理都是建立在前期拍摄基础之上的,否则就成了无米之炊。后期处理可以改变照片的影调色彩,这需要你在拍摄时就要对光线掌握、构图层次有充分认识,这样后期处理过程中才能将照片的优点体现出来。有人说看似很普通的照片,怎么经过后期调整就变得那么好看,难道不是后期处理的功劳吗?其实这说明这张照片已经不普通了,只不过你没有看到照片的精华部分。后期处理起的作用是提升了这部分内容,可能只是很小的改变就会让人对照片有不一样的感觉。再者,一张好照片的思想性是不可缺少的,后期处理技能再高超也是做不出的。

以上两种想法都是因为没有真正懂得后期处理,没有正确理解后期处理而产生的。该怎样看待前期拍摄和后期处理之间的关系?还是用菜市场买鱼作比喻,如果买的鱼品种好,又足够新鲜,那么稍许抹点盐调调味,简单清蒸一下,就会很美味;如果买的鱼不新鲜,有土腥味,那么你可能就要浓油赤酱,大把地放辣椒才能掩盖不新鲜带来的口感。这样就好理解了,摄影前期拍摄很到位,后期处理可以轻描淡写,稍作加工即可;如果前期拍摄照片不足之处很多,那么在后期处理上就要下重手挽救了。

# 基础调整方法

JICHU TIAOZHENG FANGFA

## 让我们从打开 Ps 软件开始学习

### 一、点击桌面 Ps 图标,打开界面

图 69　Ps 软件工作界面

1. 最上面是菜单栏,依次往下有属性栏和标题栏。Ps CC 菜单栏包含有十个主菜单,每个主菜单都包含有不同的操作命令。

图 70　菜单栏

单击任意一个菜单即可打开,菜单中不同的功能的命令之间有分隔线,后面带有黑三角"▶"标记的命令表示含有可下拉的子菜单。比如在图像菜单里的调整命令下,还有很多子菜单命令。

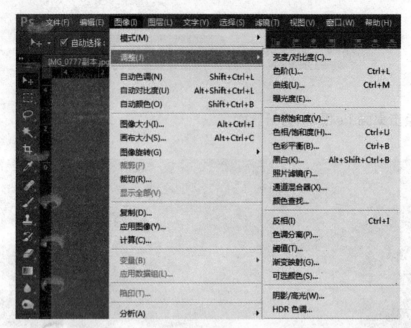

图71 子菜单栏

2. 中间最大的区域就是工作窗口。这里是照片编辑显示的地方,打开一张照片就会产生一个文档窗口,打开多张照片就会产生多个选项,需要选择哪张照片,就点击标题栏相应照片编号。

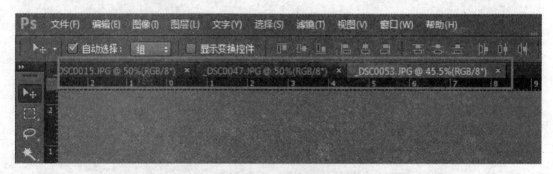

图72 照片文档窗口

3. 最左侧是工具栏。包含了所有对照片进行处理的工具,如选择、移动、修复、编辑、文字等。如果工具右下角带有三角形图表,表示这是一个工具组,用鼠标右键点击工具符号可以展开并选择其中的一种。需要提醒的是,更改了工具组选择项,再次操作时,系统默认更改后的工具,如需回到前一次使用的工具,要在工具组里再次重选。新学员往往没注意到这一点,会问"我的工具显示为什么和别人不一样",或是"这个工具我怎么没有",其实只要在工具组里重新选择一下就可以了。

基础调整方法

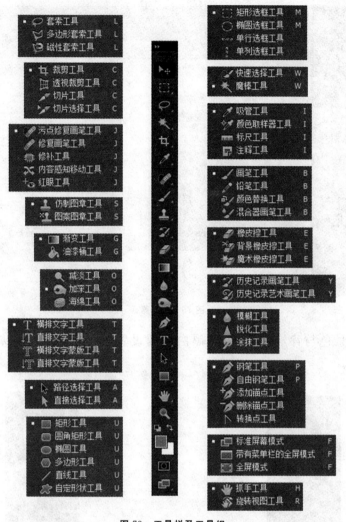

图 73　工具栏及工具组

前景色与背景色这个工具功能经常要用到,包含有快速设置和切换两个辅助工具,要能熟练使用。

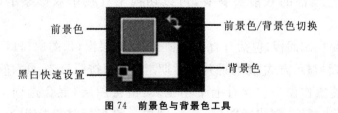

图 74　前景色与背景色工具

在默认状态下,前景色为黑色,背景色为白色。如果要切换,鼠标点一下切换按钮即可。如果要改变颜色,用鼠标点击前景色,会弹出"拾色器"对话框,用吸管吸取工作窗口任意位置的颜色,或者在色相板中选取需要的颜色,点击"确定",就更改了前景色;背景色的更改按同样方法操作。

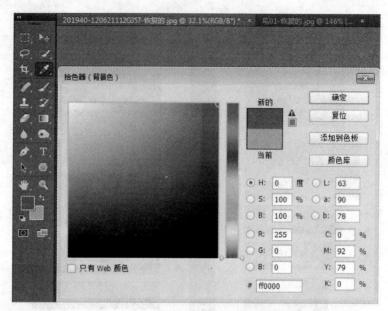

图 75　拾色器

修改了前景色与背景色后，按下黑白快速设置小方块按钮，可以将它们恢复成默认的黑白色。

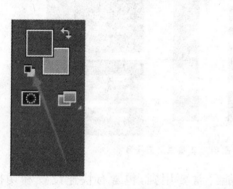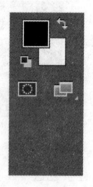

图 76　前景色与背景色转换与恢复

单击工具栏顶部的双箭头 ▶▶，可以切换工具栏单双排显示，适应不同的显示器。

4. 最右侧是控制面板，包括有直方图窗口、调整层窗口、图层窗口、快捷操作窗口。直方图窗口有多种显示方式，摄影照片的后期制作建议按照第 37 页六的步骤设置。

最底部快捷操作窗口包含有七个小工具：链接图层，混合选项，添加图层蒙版，创建调整层，创建新组，创建新图层，删除图层。将鼠标移至标识上面，会显示该标识的具体功能。

图 77　快捷操作窗口

5. 工作窗口最下面,是当前文档数据量的大小(原始数据量/编辑后数据量)和当前照片显示比例。点击"文档"处,还可以出现文档的主要参数。

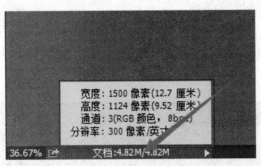

图78　文档数据量窗口

## 二、打开一张照片

在 Ps 界面打开照片的方法有多种:

1. 点击菜单栏【文件】→【打开】,自动弹出文件选择对话框,在盘符里找到你需要打开的照片,点击对话框中的【打开】。一张照片就是一个图层。

2. 双击工作窗口空白区域,自动弹出文件选择对话框。在盘符里找到你需要打开的照片,点击对话框中的【打开】,这个只适合第一次照片的打开。

3. 先在盘符里找到你需要打开的照片

图79　拖入照片

缩略图,然后用鼠标左键点住缩略图不要松开,拖入 Ps 界面的工作窗口再松开。

4. 快捷键打开,按住 Ctrl 键,同时按下字母 O 键,可以弹出文件选择对话框,找到照片,点击对话框中的【打开】。

5. 在 Br 软件里,选中需要打开的照片,鼠标左键双击可以打开。

### 三、打开多张照片

打开多张照片分两种情况：

1. 每张照片是单独的窗口，每张照片有一个属于自己的标题栏，打开方式与一张照片是一样的，就是在盘符里找到你需要打开的照片时，同时选择多张，点击对话框中的【打开】。

图80　多张照片分别打开

图81　同时选择多张照片

2. 在同一个标题栏打开多张照片，相当于每张照片是一个图层。

先按照第34页二的方式打开一张照片，然后在盘符里找到你需要打开的其他照片，用鼠标左键点住照片不要松开，拖入第一张照片的工作窗口，松开鼠标，这样后拖入的照片就在同一个标题栏形成一个新图层，在属性栏右侧点击"√"或鼠标左键双击照片,完成步骤;依此类推,可以继续拖入其他照片。

图 82　在同一文件下打开多张照片

记住,一定是把照片拖入白色框显示的工作窗口,才能形成新图层,如果拖入的时候,在工作窗口之外就松开鼠标,则将成为另一个标题栏,和 1 的情况就是一样的了。

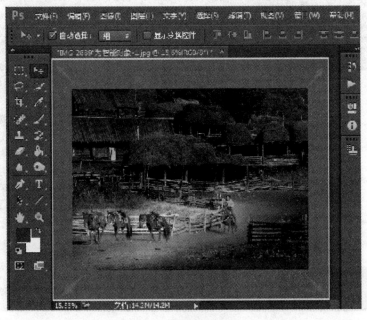

图 83　工作区白色框显示

## 四、新建一个文件

如果在打开照片之前,需要有一个底稿,可以点击菜单栏【文件】→【新建】,弹出新建对话框。"名称"就是新建文件的名称,可以任意填写,只要方便记忆就可以了;"预设"是文件大小的一些固定值,"宽度、高度"可根据需要填入数值,后面的单位可以选择使用;"分辨率"一般设置为 300 像素/英寸;"颜色模式"选择 RGB 颜色,"背景内容"就是新建底稿的颜色样式,一般为白色。高级栏中,颜色配置文件选用"sRGB ICE1,966-2.1",像素为方形像素,设置完成后点击"确定"就得到一张底稿。新建的底稿也是一个图层。

图 84　新建文件

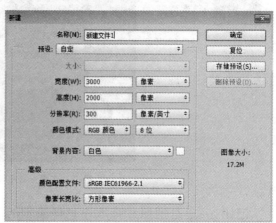

图 85　参数设置

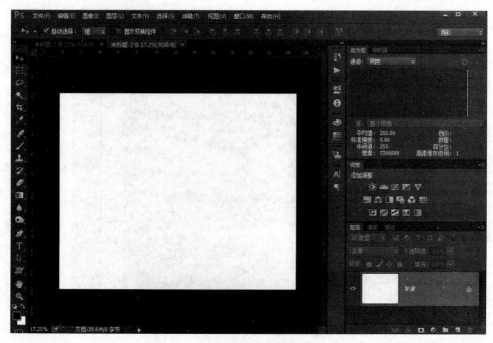

图 86　生成白色底稿

### 五、隐藏图层与关闭图像文件

1. 每个图层前面都有一个眼睛形状的可视标识，鼠标点击这个标识，眼睛会消失，代表当前图层被隐藏不可见；再次点击这个位置，眼睛标识又出现了，当前图层重新显示出来。

图 87　打开可视标识

图 88　关闭可视标识

2. 在 Ps 界面里打开了多个文件,当不需要某个文件时,可以将其关闭。先用鼠标点击文件栏中需要关闭的文件,使该文件窗口变成白色,然后点击文件名后面的"×",就可以关闭文件了。如果弹出提示存储对话框,请确认是否保存,以免误关闭丢失调整好的照片。"是"即保存,会再次弹出保存界面;"否"是不保存照片;"取消"是取消关闭动作,文件依然保留在界面中。

图 89　关闭文件

图 90　关闭文件对话框

## 六、直方图窗口设置

在基本功能窗口里选择【摄影】,直方图窗口下拉菜单选择【扩展视图】,通道小窗口选择【明度】。

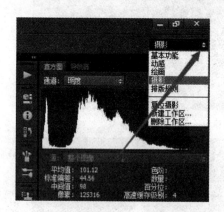
图 91　直方图窗口设置选择 1

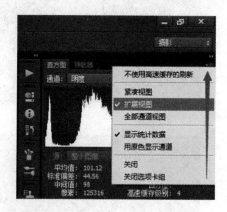
图 92　直方图窗口设置选择 2

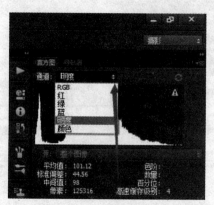
图 93　直方图窗口设置选择 3

## 七、图层窗口的设置

在 Ps 界面右侧图层窗口,在有两个图层的情况下,用鼠标右键点击任意一个图层的图像,在出现的对话框里,选择"大缩览图",这时的图层窗口的显示就会变得大一点,方便调整时观察。

图94　图层预览设置

## 八、浮动窗口的运用

Ps 界面里控制面板中的各类小窗口的位置都不是固定的,而是可以任意移动组合的,你可以根据使用习惯增加、减少或移动位置,这些小窗口称为浮动窗口,这很大程度方便了不同要求的使用。比如,可以将原来位置的【直方图】窗口和【历史记录】窗口拖动出来。

图95　浮动窗口

图96　浮动窗口移动

如果需要关闭不用的窗口,鼠标右键点击在窗口上,出现对话框点击【关闭】。

图 97　关闭窗口

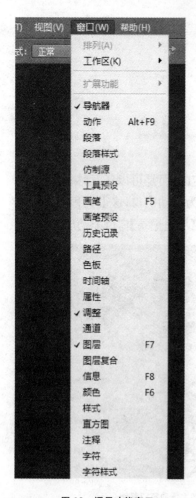

　　如果需要用到某个功能窗口,但在控制面板里又没有显示,这时可以在界面菜单栏里点击【窗口】拉出菜单,勾选你需要调入控制面板的功能窗口。

　　如果因调整导致控制面板窗口混乱,可以点击菜单栏里【窗口】,找到【工作区】,点击【复位摄影】即可恢复正常。

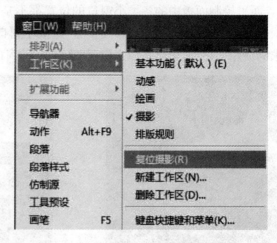

图 99　复位窗口栏

图 98　调用功能窗口

# 看懂直方图

### 一、什么是直方图

打开 Ps 软件，放入一张照片，在控制面板右上方，就可以看到这张照片的明度直方图。

图 100　明度直方图

明度直方图显示的是整体照片的亮度（暂且不考虑色彩的概念）。右边最亮的地方，称为高光；左边最暗的地方，称为暗调；中间调的，称为中等亮度。直方图是用来看照片的明暗的。

在摄影中，把明暗分成 256 个级别。它们的数值从 0 到 255。有点像电灯泡的数量，最亮是 255 盏灯全部打开，最暗就是所有灯都关闭了。这样，直方图的水平坐标就分成了 256 格。最左边的最暗，是零；最右边的最亮，是 255。这 256 个级别就称为色阶。

一张照片不管是什么颜色，它都包含有亮度信息。同样是红色，但很亮的红色与很暗的红色是不一样的。也就是说，每一个颜色都有它自己的亮度。如果一张照片上，有相同的级别亮度的点一共有若干个，那么，这就是纵坐标上的高度。直方图就是电脑通过计算与整理，把一张照片中，相同亮度级别的点的数量统计出来了，并分别把它们放到各自所属的亮度级别位置上。直方图就是一张照片的所有颜色的亮度统计分析图。

## 二、用直方图分析照片

下面这张照片直观感觉到曝光不足，整体很暗。来看它的直方图，首先看到，最右边的红框部分亮度级别是空白的。

把鼠标放到170的位置上开始，数量就为零了，一直到255全都是零。这说明亮的部分，从170到255，照片完全没有点是属于这个级别的。也就是说，只有比它们更暗的部分。这张照片的比较亮的部分是没有的，都是暗的部分，所以这张照片发暗。

图101 缺乏亮部区域

再看一张照片，应该说和上一张照片情况正好相反，最左边的红框部分亮度级别是空白的。从0到10，照片完全没有点是属于这个级别的。也就是说，只有比这更亮的部分。这张照片的比较暗的部分不多，没有最暗的部分，大都是亮的部分，所以这张照片发白。

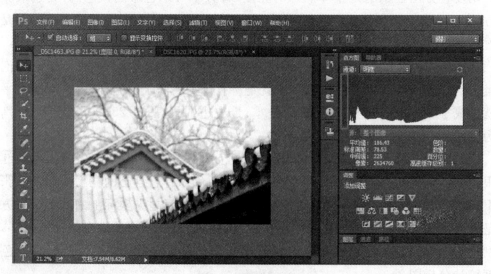

图102 缺乏暗部区域

下面这张照片灰得厉害，实际上既不是欠曝，也不是过曝。但暗的不暗，亮的不亮。画面显得发灰，不太清晰了，看直方图发现暗部和亮部都缺少，这也不是一张好照片。

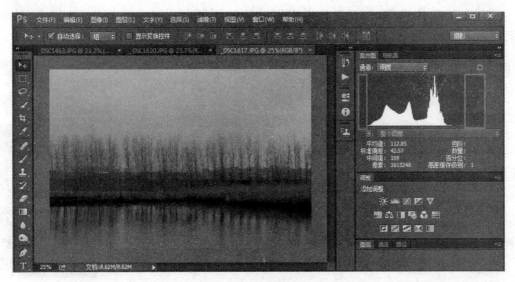

图103　亮部和暗部都缺乏

通过这些照片说明一张正常的照片，从暗部到亮部都要到位，中间调丰富，即从 0 到 255 的各个位置不论多少，都一定要有（除特殊艺术效果），这样的画面才会亮暗分明，符合欣赏要求。

图104　正常曝光

## 记住工具栏的用法

打开 Ps 软件界面,左面工具栏根据实际使用情况大致分为四类:选择类,绘画类,修饰类,文字类,很多工具都包含有一个工具组。下面将数码照片后期处理常用的工具介绍一下。

**一、选择类工具**

使用工具进行后期处理时,如果只想编辑照片的局部,就先要将需要编辑的部分选中,使之与其他部分隔离开,避免照片的其他部分受到影响。选择需要的部分做处理,这是后期处理的核心内容。这类工具是进行照片修饰、调整、复制、合成等处理之前要用到的,包括有"移动工具""规则选区工具""自由选区工具""智能选区工具""裁剪工具""吸管工具"。

图 105　选择类工具栏

1. 移动工具。移动工具是 Ps 中用得次数最多的工具,用法相对简单。当我们在 Ps 界面中打开一张照片,使用移动工具时,却出现了警告提示(见图 106),并不能马上移动照片,这时我们需要解开锁定,点击图层窗口照片后面的小锁,小锁标志消失后才能移动照片,原来照片下面还有一个灰白格子表示的透明图层。

图 106　警告提示

图 107 锁定标志

图 108 解锁状态

如果有两个或两个以上的图层,勾选属性栏【自动选择】,这时鼠标点在哪张照片上,就可以移动哪张照片。

图 109 图层选择

在移动照片的同时,还可以放大、缩小、旋转、拉伸照片。点击需要操作的照片,在菜单里点击【编辑】→【自由变换】,这时照片上会出现一个框,点击框上的任意一个小方块,都可以做变形操作。如果是等比例放大或缩小,按住"Shift"键,鼠标点住四个角上任意一个小方块拖动;当鼠标在四个角上,变成"↰",就可以旋转该图片了,操作完成点击属性栏右侧点击"√"或鼠标左键双击照片,图片周围的框消失。

图110 自由变换操作框

图111 旋转操作

如果想在两个文档之间拖动照片，在移动工具状态下，将鼠标点中其中一个照片画面，然后拖动鼠标到另外一个文档的标题栏，不要松开鼠标左键，停留片刻，这时界面会切换到第二个文档画面，再将鼠标拖动到画面的工作区内，松开鼠标，这样拖入的照片就在第二个文档画面中成为一个新图层。

图 112　拖动照片到另一文件上

图 113　拖动效果

2. 规则选区工具。这个选区工具组里主要使用到的是矩形和椭圆形两个工具。

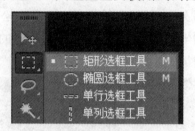

图 114　规则选区工具栏

点击工具栏的工具选择矩形选框工具,然后在照片上点击鼠标左键,从一个端点拉向另一个端点,就会形成一个黑白相间的蚁形线,线内的就是选区,选区的大小取决于鼠标拉伸的长度;如果需要这个矩形框为正方形,在拉出蚁形线时,同时按下"Shift"键。

点击工具栏的工具选择椭圆选框工具,然后在照片上点击鼠标左键,从一个端点拉向另一个端点,就会形成一个椭圆形的蚁形线,椭圆的大小取决于鼠标拉伸的长度;如果需要这个椭圆框为标准圆形,在拉出蚁形线时,同时按下"Shift"键。

图 115　矩形选框

图 116　圆形选框

选择属性栏里其他三个选项,选区还可以进行叠加、减去,或相交,得到你想要的形状。

图 117　选框相加

图 118 选框相减

图 119 选框相交操作

图 120 选框相交结果

有了选区,就可以对选区内的这一部分图片进行调整了,比如改变颜色、亮度等,而这种调整只会在选区内进行,不会影响到选区外。

图 121 选区内调整(a)

图 121　选区内调整(b)

选区还可以复制、移动。在菜单里选择【图层】→【新建】→【通过拷贝的图层】，或者直接用快捷键"Ctrl+J"，这样就得到一个选区大小的新图层，并且可以任意移动、缩放、旋转这个新图层。

图 122　选区复制

如果在矩形工具（或椭圆形工具）状态下，用鼠标移动矩形框（或椭圆形框），选区被移动，蚁形线变动位置；如果切换到移动工具状态下，用鼠标移动矩形框（或椭圆形框），则图片被移动，类似于开天窗。如果是轻微移动，可以按键盘上的方向键。

图 123　选区移动(a)

图 123　选区移动(b)

如果要取消选择，消除蚁形线，点击菜单栏【选择】→【取消选择】，或者鼠标右键点击选区出现下拉菜单，选择"取消选择"，还可以使用快捷键"Ctrl+D"。

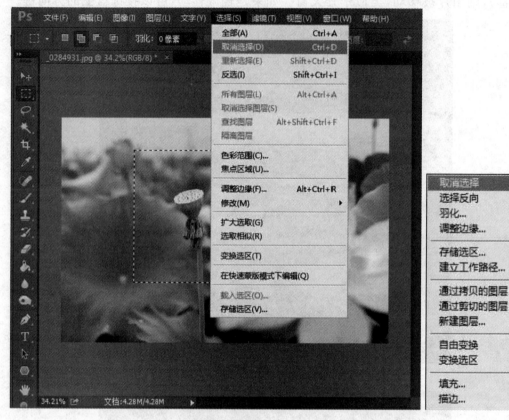

图 124　取消选区　　　　　　　　　　　　　　　　图 125　取消选区菜单

3. 自由选区工具。自由选区工具是操作者定义选区范围，外形边框自由，该工具组包含有套索、多边形套索和磁性套索三个工具。

图 126　自由选区工具栏

套索工具是利用鼠标运行的轨迹徒手绘制不规则的选区框，比较自由，随意性较强，精确度不高，适合边界没有严格要求的选区。点击选择套索工具后，用鼠标左键在所要处理的图形边缘绘制出一个自由外形的封闭选框，会出现蚁形线。绘制过程中鼠标不能松开。

图 127 套索工具运用

多边形套索工具可以绘制直线构成的选区框,适合边缘形状是直线的对象。点击选择多边形套索工具后,用鼠标左键在图形边缘拐点处单击,两点之间自动生成一条线,一直这样点击下去,直至回到起始点封闭选区,并出现蚁形线。如果在绘制过程中,同时按下键盘"Shift"键,绘制的线条为水平、垂直或 45°角。

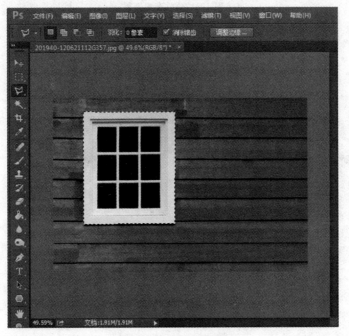

图 128 多边形套索运用

磁性套索工具可以自动识别对象边界,这时要求边界比较清晰,与背景有一定的反差。点击选择磁性套索工具后,先用鼠标左键在图形边缘起始处点击第一个点,然后沿着边界线移动鼠标,这时线条会自动吸附在图片的边界线上,中间过程中会产生小方框的中间参考点,如果觉得参考点位置不准确,可以按键盘"Delete"键删除一步,删除多步可以连续按"Delete"键。当鼠标移动到起始处再次点击,就能绘制出封闭选框,并出现蚁形线。

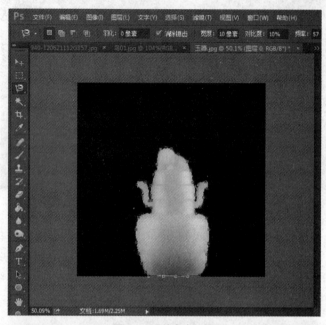

图 129　磁性套索运用

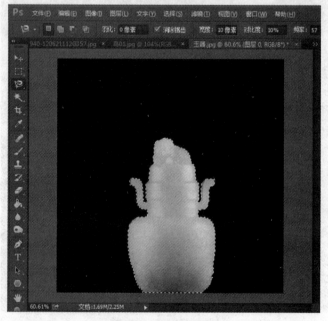

图 130　磁性套索效果

套索工具属性栏里也有三个选项,选区也可以进行叠加、减去或相交,精确得到你想要的形状。选区还可以复制、移动,和规则选区功能一样。

图131 智能选区工具栏

4. 智能选区工具。智能选区工具是软件根据照片色彩、明暗等差异计算出选区的一类工具。方法简单,使用方便,识别准确度较高。这个工具组包含有快速选择工具和魔棒工具。

快速选择工具类似于用画笔去涂抹出想得到的选区,点击和拖动鼠标,选区会自动扩展并查找照片中的边缘部分,自动形成封闭的蚁形线选区。涂抹的圆圈代表画笔的大小,可以在属性栏调整。

图132 快速选择工具

图133 选择区域加减

魔棒工具用起来很神奇,只需要在图像上单击,软件就会自动选择和单击点相似的像素,并形成蚁形线的封闭选区,它适合选取背景颜色区别不大或轮廓清晰的图片。

比如在下面这张图上,只需要在魔棒工具下,点击绿色部分,蚁形线的选区就会自动覆盖所有绿色区域,想去除背景,单独抠出小鸟图片就非常方便了。

图 134　魔棒工具

图 135　魔棒工具抠图效果

以上几种选区工具可以切换组合使用，均能使用叠加、减去或相交，准确得到你想要的选区形状。比如下面这张窗户照片，可以先用多边形套索工具把整个窗户选取下来，然后切换到矩形选框工具，并点击属性栏"从选区中减去"按钮，把中间黑色部分选区去除，这样就能完整得到一个窗户的素材图。

图 136　选择工具组合使用

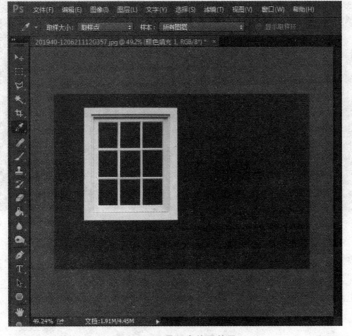

图 137　工具组合使用效果

5. 裁剪工具。裁剪工具是为了重新经营画面,突出主体,或使画面符合要求,删减多余部分,相当于二次构图。这个工具还可以用来旋转照片,矫正水平线。

图 138　裁剪工具栏

点击选择"裁剪工具",鼠标在画面中从一个点拖动到另外一个点,就会形成一个矩形的裁剪框,框内是要保留的部分,框外半透明的是要删减的部分。此时如果鼠标放在矩形框内,可以移动这个裁剪框到想要的位置上去;如果鼠标移动到框边的八个黑点上,就可以任意改变裁剪框的大小;如果鼠标移动到框边外,鼠标就变成弧形箭头,拖动鼠标可以旋转裁剪框,如果按住"Shift"键不松开,还可以同比例缩放裁剪框。

调整裁剪框至满意大小,点击属性栏中"√","提交当前裁剪操作"确认,这时画面仅留下裁剪框内的部分。也可以点击"取消"取消当前裁剪操作,裁剪框消失,恢复原始画面。

图 139　旋转裁剪框

图 140　确认裁剪

裁剪工具在属性栏【比例】选项的下拉菜单中,有可以选用的裁减比例,也可以根据需要自定义裁减比例,这时裁剪框只会按定义好的比例改变,适合批量裁剪或有尺寸要求的裁剪。点击黄色数值框,可以输入长宽比例;单击"清除"可以使数值框内数字比例归零,即取消固定比例。

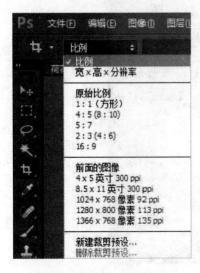

图 141　裁剪比例选择菜单

图 142　比例显示

在属性栏里的"叠加选项"可以选择不同的裁剪显示方案,推荐采用"三等分"与

"总是显示叠加"两个选项。

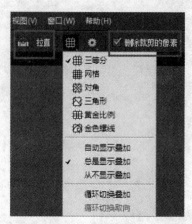

图143 裁剪结果选择

属性栏【拉直】选项,用来校正画面倾斜的照片,在裁剪工具下,点击"拉直",在画面中单击鼠标拖出一条直线,让它与水平线或其他关键参考线对齐,松开鼠标,这时画面会生成裁剪框自动校正过来,点击属性栏中"√","提交"确认校正动作。

当鼠标拖动的裁剪框大于画面本身,相当于扩大画布尺寸,多出画面的部分,会显示为背景色。

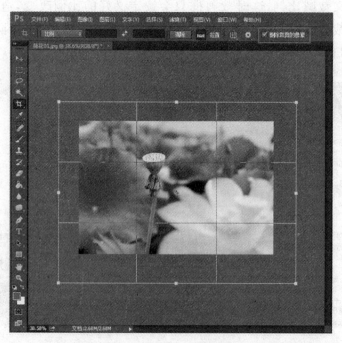

图144 裁剪框大于画面本身

如果在属性栏勾选【删除裁剪的像素】,则裁剪后多余部分显示为背景色;如果不勾选，显示为灰白格透明层。

图 145　勾选

图 146　不勾选

新增功能透视裁剪工具非常实用，用来校正由于透视关系带来的图像变形。鼠标右键点击裁剪工具图标，选择第二个"透视裁剪工具"。打开一张照片，可以看到由于拍摄角度和透视原理的关系，照片中的楼房并不是垂直的。切换到透视裁剪工具，在图片上用鼠标拖拉出透视裁剪框，框内有参考虚线，和周围八个调整参考点，鼠标点中需要变动的参考点向一侧移动，使得参考线和大楼外侧平行，调整好后双击调整框，就可以获得大楼垂直的照片。

图 147　新增透视裁剪工具

图 148　大楼有透视变形

图 149　透视裁剪

透视裁剪可以很好地修正这种变形。所要注意的是裁剪会有部分画面损失，还会有方向上的压缩，还需要进行缩放等微调，以达到最佳视觉效果。

图 150　原图

图 151　裁剪效果

## 二、绘画类工具

绘画类工具，相当于各种画笔、颜料、橡皮等材料。在数码照片后期处理中，主要起到对原有素材的修饰作用，让照片变得更符合要求。包括有"修复工具""画笔工具""图章工具""历史记录工具""橡皮工具""渐变工具""模糊工具""深浅工具"等工具组。

1. 修复工具组。这是数码照片后期处理中常用的一组工具，用于修补、去除污点、移动微小物体等。

图 153　修复工具组菜单

(1)污点修复画笔工具。一般用于去除照片中的杂物，或者镜头上灰尘所产生的脏点。鼠标点击污点修复画笔工具，会出现一个圆圈，移动鼠标，把圈套住要去掉的脏点处，点击鼠标就完成了，然后可以移到下一点，重复操作。

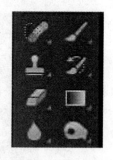

图 152　绘画类工具栏

圆圈的大小设置可以在属性栏里调节，只要能套住所要去除的物体即可，不要太大，也不要太小；类型可以自选，推荐使用"内容识别"这一项。

图 154　调整圆圈大小

图 155 镜头上的灰尘脏点

图 156 地上烟头影响美观

在人像处理上,往往用这一工具来去除人物脸部的斑点,使面容看起来漂亮一些。

图 157 人像脸部斑点

图 158 人像脸部斑点处理效果

还有一类去除杂物的情况,就是去除细长物体,比如电线、杂草。具体方法是选用污点修复工具,把圆圈直径调整得和要去除细长物体差不多,可以稍大一些。先用鼠标点中细长物体起始端,然后按住"Shift"键,再用鼠标点中细长物体的末端,这时整段细长物体都会被去除。

图159　细长物体去除方式

图160　去除效果

(2)修补工具。用其他样本区域的图片,来修补选中的区域,并将样本区域和目标区域进行匹配融合,达到自然无痕的修补效果。

"目标"的用法:打开照片,选中修补工具,在属性栏里选择"目标",先在类似样本区域用鼠标勾勒一个大致与目标区域差不多大的选区,然后用鼠标拖动选区,覆盖目标选区。

"源"的用法:和目标用法正好相反,在属性栏里选择"源",它是先在目标区域外面用鼠标勾勒选区,然后用鼠标拖动选区到一个想要的选区上去。

图 161　目标的用法

图 162　源的用法

两种方式任选一种就可以了,都能达到同样的目的。如果觉得徒手画选区不好掌握,可以先在规则选区工具下做好选区,然后再切换到修补工具下用鼠标进行拖动选区,这样形状会很好控制。

图163 选区切换

(3)内容感知移动工具。可以将选中的对象移动或者扩展到照片其他区域,重新组织画面,产生不同的效果。鼠标点击选择修复工具组中"内容感知移动工具",在要移动的对象外面用鼠标勾勒选区框,然后移动选区框至另外的位置。如果在属性栏选择的是"移动",则目标被移动到新的位置;如果选择的是"扩展",类似于复制了个一样的图片到新位置上,变成了两个图片。

图164 选区

图 165 移动选区

图 166 移动效果

图 167　扩展效果

用内容感知移动工具移动的物体,能很好地融入新位置,要比单纯复制一个图片自然得多,位置如果选得恰当,几乎看不出来移动过的痕迹。

(4)红眼工具。人或某些动物在弱光环境下,为了视觉清晰,瞳孔会大一些,这时候突然遇到强光拍摄(比如照相机的闪光灯),瞳孔来不及恢复到正常,这时拍摄下来的照片,在眼睛部位会产生视网膜的血管泛红现象,这就是"拍摄红眼"。在拍摄时,比较好的解决方法是被摄者拿出手机,打开屏幕,直视几秒钟,然后再拍就没有红眼了。

利用 Ps 工具来消除照片中人物已产生的红眼也非常简单。打开照片,点击找到"红眼工具",这时鼠标会变成一个带有眼睛形状的十字光标,移动光标到红眼位置,点击后红色就变成黑色了。属性栏中,"瞳孔大小"和"变暗量"设置为 50% 左右即可。

图 168　红眼去除工具

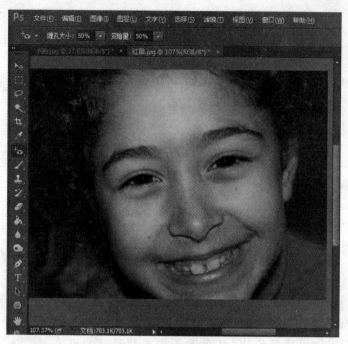

图 169　红眼去除效果

2. 画笔工具组。这个工具组虽然有好几种工具，但作为摄影数码照片后期调整，经常用到的就是第一种画笔工具。画笔工具最基本的功能就相当于用一只毛笔，去蘸不同的颜料，在画面中根据你的需要涂抹颜色。颜料的颜色就是前景色，更换前景色就等于在更换不同的颜料色。

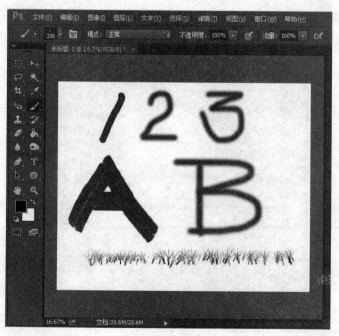

图 170　画笔基本作用

画笔工具有三个比较主要的设置：

①画笔的大小。点击属性栏红箭头处，可以看到下拉菜单里有"大小""硬度"两个调节杆，相当于改变笔头的粗细和笔尖的软硬度，调节后可以看到光标圆圈变大或变小。

②笔形的选择。在两个拉杆下面，有很多不同笔的式样，有的像毛笔，有的像铅笔，有的像刷子，有的则是具体的小图片，可以根据需要点击选择。在实际使用中，第一个柔边书画笔最为常用。

图172 笔形选择菜单

图171 画笔的大小菜单

③画笔属性栏选择。"不透明度"相当于调节毛笔蘸的颜色的浓淡，数值越低，颜色越淡；"流量"相当于用笔蘸颜料的量，数值越低，蘸的量越少。这两个参数可以按百分比修改，也可以直接拉动滑杆调节。

图173 画笔属性栏

在后期调整照片中，画笔工具还有个重要的作用，就是用来改变蒙版和通道来调整图层之间的关系。比如在下面这个标题文件下，含有荷花和亭桥两个图层，想做一个在荷花图片中间透出亭桥效果的照片，可以在荷花这个图层上添加一个白色蒙版，然后选择画笔工具，用柔边画笔并调整适当大小，选取黑色前景色，在荷花照片图层蒙版上涂抹，就露出了下面一个图层的亭桥。

在蒙版中，只有黑白两色，在上面涂抹的也只能是黑白灰的颜色，黑色代表完全透明，白色代表完全遮挡不透明，灰色代表半透明。

图 174　荷花图片覆盖亭桥图片

图 175　利用蒙版擦出亭桥图片

3. 图章工具组。图章工具组里有两种工具，"仿制图章工具"用得较多，用于从图像中拷贝一部分的信息，用到其他图像或图像的其他区域中去，常用于覆盖或填充，起到弥补照片中缺陷的作用。"图片图章工具"是利用照片中现有的图片或自定义图片,去绘制图像。

打开一张照片,在工具栏中点击选择"仿制图章工具",以荷花照片为例,在照片中利用该工具做一个莲蓬,在属性栏里选择柔性画笔,设置画笔大小为100,大小可根据具体图片来调整,不要超过仿制区域,比实际莲蓬小一点。将鼠标放在莲蓬处,按住Alt键,出现十字靶心后单击鼠标进行取样。

图176 选择仿制区域

将鼠标移动至荷叶处,单击并稍许拖动一下,就会出现一个大致莲蓬图片的轮廓。可以将画笔调整的小一些,大概40,把属性栏的"不透明度"和"流量"调至50%左右,用画笔对莲蓬边缘不清楚的部分进行涂抹,处理得稍微仔细些,可以把下面的莲杆也涂出来。涂抹时,会发现在原来的图片相同位置有个十字参考点,并跟随涂抹动作在相应位置变化,始终保持同步,观察十字参考点位置,这会提高涂抹的准确性。

图 177　在另外区域涂抹

图 178　仿制效果

4.橡皮工具组。橡皮用来擦除照片中不需要的部分,根据擦除出来背景的效果,又分为"橡皮擦工具""背景橡皮擦工具""魔术橡皮擦工具"。

图179　橡皮工具组菜单

(1)使用"橡皮擦工具",调整画笔的大小,可以将照片中多余的部分擦除,露出背景色。如果此时背景色为默认白色,那么被擦除的部分就显示白色,如果将背景色更换为红色,那么擦完后露出的就是红色。橡皮的大小可以在属性栏里设置,实际显示就是圆圈的大小。

图180　擦完露出背景色

图181　背景色红色效果

（2）使用"背景橡皮擦工具"，橡皮会自动采集画笔中央的颜色，擦除过程中，只擦除采集的颜色，并使擦除的区域变成灰白格子的透明区域，此时与背景色无关。

图182　背景橡皮擦效果

（3）使用"魔术橡皮擦工具"，橡皮会自动识别鼠标点击区域的颜色，自动擦除照片中该种颜色，并使擦除的区域变成灰白格子的透明区域，此时与背景色无关。如果该种颜色不是连续的，需要再在未擦除区域点击一次。比如图中小鸟腿之间的绿色就是非连续的，需要再点一次才能完成整个擦除绿色的工作。

图183　魔术橡皮擦效果(a)

图183 魔术橡皮擦效果(b)

在数码照片调整中,橡皮擦工具也具有调整上下图层关系的作用。比如荷花和亭桥是一个文件栏下的两个图层,想在荷花图片中显露亭桥,可以使用橡皮擦工具,设置好圆圈大小,在相应位置用鼠标涂抹擦除,下面图层的图片就显示出来了,未涂到的部分仍然保持原状,相当于用橡皮把上面图层擦破,在图层窗口很清楚地显示上面图层擦除部分变成灰白格透明的了。

图184 橡皮擦工具显示下层图片

是不是觉得橡皮擦工具的这个功能和画笔工具加蒙版所得到的结果差不多呢？这就是Ps软件强大作用之一，达到同样的目的，可以有多种方法和手段，根据个人使用习惯和照片想达到的最终效果来合理选择适合的工具，力求方便、简单、有效。

5. 渐变工具组。这个工具组里的工具主要是用来填充颜色的，从一种颜色过渡到另外一种颜色，平面设计中运用较多。在数码照片后期调整中往往用黑白来填充图层蒙版或通道，通过黑白组合和过渡，调整上下图层的关系，做出满意的效果。

在Ps软件中，打开两张照片到一个文件里成为两个图层，点击上面一个图层，在快捷操作窗口中点击第三个蒙版工具，这样就在上面一个图层后面添加了一个默认的白色蒙版。下面就要对这个蒙版使用渐变工具，看看有什么样的效果。

图185　快捷操作窗口添加蒙版

选中渐变工具，在属性栏点击渐变状态的下拉菜单，选择第二个从黑到透明的命令。设置前景色为默认黑色。

图 186　选择渐变类型

把鼠标放在画面上,从下往上拖出一个线段,然后松开鼠标,这时候的画面变成了上半部分是荷花,下半部分是亭桥,中间部分是两者兼有。再看蒙版是上面白色,下面黑色,中间为过渡灰色。

蒙版是个虚拟的图层,本身并不存在,是 Ps 软件为了调节上下图层关系建立的,虽然渐变工具作用在蒙版上,但显示的效果却在图层上。关于蒙版的用法后面的章节会具体讲解。

图 187　蒙版使用线性渐变的效果

渐变工具属性栏里还有五种不同的渐变方式,其中"线性渐变""径向渐变""对称渐变"最为常用。

图 188　渐变工具方式选择

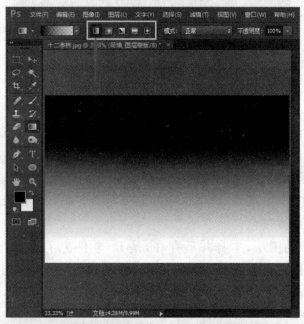

图 189　线性渐变可以是上下、左右或斜线的变化(a)

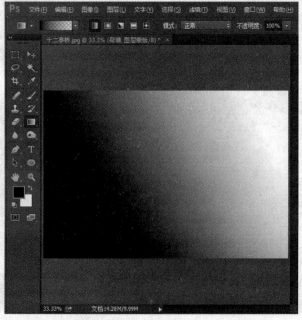

图 189　线性渐变可以是上下、左右或斜线的变化(b)

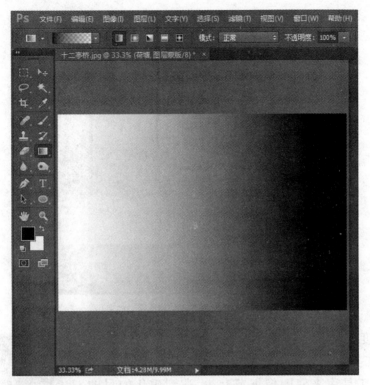

图 189　线性渐变可以是上下、左右或斜线的变化(c)

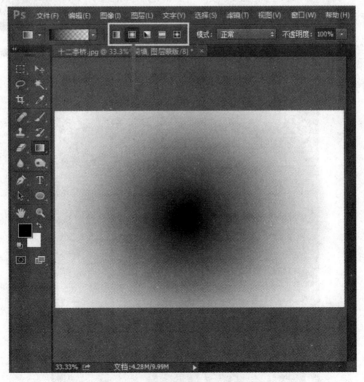

图 190　径向渐变是由内向外的变化

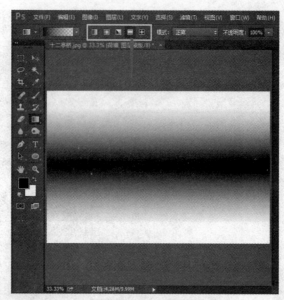

图191 对称渐变是从中间往两边的变化

6. 清晰度工具组。这个工具组包含有"模糊""锐化""涂抹"三种工具。

(1)模糊工具用来使图像细节减少,达到虚化的目的。在后期修图中一般用于处理掩盖过渡不自然的画面边界,或者是模糊背景,突出主体的景深效果。例如要把图中的莲蓬进行模糊处理,鼠标点击选择"模糊工具",属性栏设置笔尖大小,圆圈能覆盖住想要模糊的区域,强度100%,然后滑动鼠标对莲蓬进行涂抹,几次涂抹后就能看到效果了。

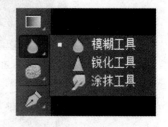

图192 清晰度工具组菜单

图193 模糊区域

图 194　模糊效果

（2）锐化工具用来加强画面局部对比度，增强反差效果，提高图像清晰度。例如要把图中的荷花花瓣进行锐化，鼠标点击"锐化工具"，属性栏设置笔尖大小，强度100%，勾选"保护细节"，然后滑动鼠标对花瓣边缘进行涂抹，涂抹后就能看到清晰度提高了。

图 195　锐化区域

图 196　锐化效果

这种模糊与锐化的方式适合于小范围、轻度调整图像细节，否则会造成图像失真或出现色彩断裂的现象。如果需要较大范围地处理图像，建议使用菜单栏里的【滤镜】功能，后面的章节会具体讲述。

7. 亮度工具组。这个工具组主要用来调节图片明暗关系、凸显层次和增加立体感，包含有"减淡""加深""海绵"三个工具。

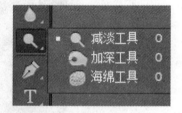

图 197　亮度工具组菜单

（1）减淡工具是把照片中需要变亮或增强质感的部分颜色加亮，其实质就是往原有颜色中添加白色。例如要把照片中的荷叶部分进行加亮，鼠标点击选择"减淡工具"，属性栏设置笔尖大小，曝光度 50%，勾选"保护色调"，然后滑动鼠标对荷叶进行点击涂抹，可以看到荷叶部分亮度提高了。

图 198 减淡区域

图 199 减淡效果

（2）加深工具与减淡工具作用正好相反，是把照片中部分颜色变暗，其实质就是往原有颜色中添加黑色。例如要把图中右边荷花部分颜色加深，鼠标点击选择"加深工具"，设置笔尖大小，曝光度 50%，勾选"保护色调"，然后滑动鼠标对荷花进行点击涂抹，可以看到荷花部分颜色变深了。

图 200　加深区域

图 201　加深效果

在属性栏里有【范围】选项,分别为"阴影""中间调""高光"。选择不同的范围,就是对不同范围的区域起作用,其他区域不起作用。比如选择"阴影",那么涂抹减淡或加深时,只对涂抹区域暗的部分作用明显,对中间调和高亮部分不太起作用;选择"高光"涂抹减淡或加深时,只对涂抹区域亮的部分起作用,对图像中间调和暗的部分不太起作用。

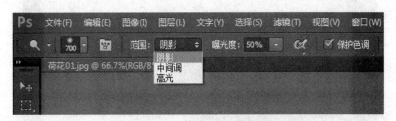

图202　涂抹区域影调选择

(3)海绵工具是对图片中部分区域的颜色饱和度做调整,使用方法和减淡加深工具类似。海绵工具属性栏里有【模式】选项,"去色"就是对涂抹区域颜色降低饱和度,"加色"就是提高饱和度。例如要将照片中的荷花颜色变得鲜艳一些,并将周围荷叶饱和度降低一些,可以在"海绵工具"下,调整笔尖大小,勾选"自然饱和度",先选择"加色"涂抹荷花部分,效果满意后,切换至"去色"再对周围荷叶部分进行涂抹。

图203　海绵工具模式选择

图 204　涂抹效果

特别提醒：以上多种工具操作中都有很多步骤，如果觉得调整得不满意，可以点击菜单栏中【编辑】，找到并点击"后退一步"，如要后退两步，就再点击一次；如果反悔的步数比较多需要从头再来，可以点击菜单栏中【文件】，点击"恢复"。

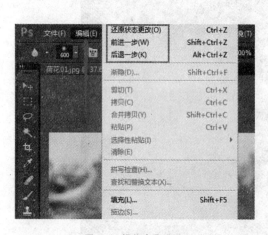

图 205　操作步骤后退

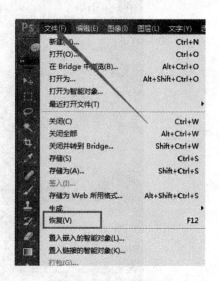

图 206　操作步骤重做

8. 文字工具。在照片上加入一定的文字来说明照片，或加文字来增强照片的艺术感。

选择文字工具，在照片任意处点击，就会出现文字输入的光标在闪烁，同时在图层面板生成文字矢量图层，此时表示可以用键盘输入文字，或者从别的文档中把文字粘贴过来。

在文字属性栏中，"字体方向"表示文字可以横排也可以切换成竖排；"字体"中可以下拉菜单，选择不同的字体。如果需要更多的字体要事先安装；"字体大小"下拉菜单可以选择字号，也可以在框内直接填写数字改变字体大小；"字体风格"可以变换字体效果，并消除字形边缘锯齿，"字体颜色"中点击色块，弹出拾色器对话框，选择需要的字体颜色。

图 207　添加文字效果

如果需要在文字图层更改以上设置，在文字工具下，用光标框选住需要更改的部分，可以整体修改，也可以只修改中间某几个字，然后修改属性栏的设置即可，如缩放、更换字体或更改颜色等，全部更改完毕，点击文字图层完成。如果切换到移动工具状态下，可以移动文字放置在照片的任意位置。如果需要删除文字，仍然需要在文字工具下，点中需要删除的部分，使光标在所要删除部分的右侧，按 Backspace 键删除。

图 208　更改文字效果

图 209　移动文字位置

9. 抓手工具。当图像放大到超过视窗，不能全部显示的时候，启用抓手工具才会有用。点击选择"抓手工具"，这时在工作窗口就会有个小手的标志，按住鼠标移动小手，就可以移动照片，查看任何一部分。如果这时按下 Ctrl 键不松开，小手会变成放大标志，点击照片就能放大视图；按下 Alt 键，小手会变成缩小标志，点击照片缩小视图。

图 210　抓手工具组菜单

更为方便的用法是在界面中，按住空格键不放，这时光标就会变成小手标志，此时可以在画面中点住鼠标移动，也可以查看照片，作用与"抓手工具"一样。

图 211　抓手工具标识

10. 缩放工具。选择缩放工具，将鼠标放在工作窗口内，光标会变成一个放大镜标志，单击照片可以放大照片的显示比例，按住 Alt 键不松开，光标放大镜显示减号，单击照片就能缩小照片显示比例。如果在照片上点击鼠标右键，出现下拉菜单，也可以在这里选择显示比例。在状态栏内，同样可以按照不同的提示按钮进行缩放。

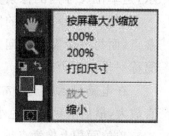

图 212　缩放工具菜单

图 213 缩放切换

在实际操作过程中,我们更多的是直接用鼠标滚轮来实现缩放视图。在任意工具状态下,向前推鼠标滚轮就是放大,反之缩小,不用专门切换到缩放工具下,这样的操作非常方便,建议使用。

11. 更改屏幕显示模式。这是查看照片的视图工具,点击一次,视图屏幕会扩大到整个显示器,只保留菜单栏;再点击一次,可以完整地看到视图,无任何项目栏影响,按 Ctrl 键+数字键 0,图片可以满屏显示;如果需要回到标准屏幕模式,可以点击键盘左上角 Esc 键。

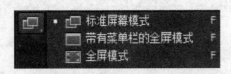

图 214 更改屏幕显示模式菜单

在实际使用中,任意工具状态下,按字母 F 键,就可实现快捷键连续切换视图。此时输入法切换成键盘英文,搜狗、双拼等中文输入法不支持快捷键功能。

## 了解图像基本单位——像素与分辨率

数码照片是以数字方式记录在存储空间里的,又称"位图",像素与分辨率是组成位图的最基本单元要素。

像素,是数码相机上感光元件的数量,一个感光元件经过感光转换,在输出的照片上就形成一个点。而平面由无数个点所组成。一幅照片由很多个点构成,这些点就叫作像素点,它是记录照片色彩信息的最基本单位。

分辨率是图像的可分辨程度,是指在长和宽的两个方向上各拥有的像素点个数,用每一个长度方向上的像素个数乘以每一个宽度方向上的像素个数的形式表示,是单位尺寸内的像素值。分辨率越高,含有的像素就越多,照片也会越清晰。

一张 4000×3000 的照片,表示这张照片在每一个长度的方向上都有 4000 个像素点,而每一个宽度方向上都有 3000 个像素点,总数就是 4000×3000=12000000,简称一千二百万像素。

在电脑显示屏上正常观看一张照片时,并不能感觉到像素点的存在,但将照片一直放大,最后看到的颜色小方格就是这张照片的像素点,每个像素点只能是一种颜色。

单位面积上像素点越多、越密,这张照片就越清晰、越细腻。所以无论是前期拍摄还是后期调整,都应尽量保证多的像素,达到色彩丰富、过渡自然的效果。单位面积像素点减少到一定程度就会出现照片模糊的情况,也就是通常所说的分辨率达不到要求了。

图 215　原图　　　　　　　　　　　　图 216　放大 100%

图 217　放大 300%　　　　　　　　　图 218　放大 2000%

多大的像素或者多少分辨率的图片是适合的呢?理论上来说当然越大越好,但过大的像素和过高的分辨率的文件数据量会很大。在实际使用中,我们按照要求设定像素和分辨率就可以了。例如,一张照片如果是放在电脑网页中使用的,只需要72 像素/英寸分辨率(有的场合用 72ppi 表示),即便用 24 吋液晶屏显示器满屏来显示,也只要 1920×1200 这样边长的像素就可以了;如果照片需要微喷打印输出,应该要有 300(不低于 240)像素/英寸的分辨率(有的场合用 300dpi 表示),也就是说,如果打印一张 4∶3 比例的十吋照片,边长不能少于 3000 个像素,总像素不能低于 3000×2250,否则清晰度就会受到影响。

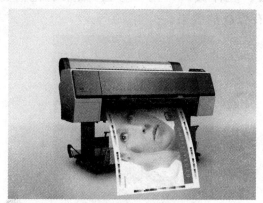

图 219　高端微喷打印输出设备

# 如何理解选区的羽化

## 一、什么是羽化

羽化是图像边缘的过渡,达到渐变的效果,有虚化、柔和的感觉。羽化值大,过渡范围就宽;羽化值小,过渡范围就窄。

下面左图从黑色到白色是直接转换的,没有任何过渡范围,羽化值为 0;中间图的羽化值为 10,即黑色部分向白色部分渗透 10 像素,同时白色部分向黑色部分渗透 10 像素,过渡渐变区达到 20 像素;右图的羽化值达到了 300,也就是过渡区域范围达到了 600 像素,几乎看不到明显的边界了。

图 220　羽化值 0　　　　　　图 221　羽化值 10　　　　　　图 222　羽化值 300

## 二、羽化的作用

在后期处理实际操作中,羽化和选区是密切相关的。也就是做出来的选区,希望该区域的边缘有多大程度的过渡范围,完全取决于羽化值的设置。

用规则选区工具做一个圆形选区,如果羽化值为 0,那么周围填充白色时,边界就非常明显,没有过渡。同样做一个圆形选区,如果羽化值为 100,周围填充白色时,边界就变得模糊,有朦胧的效果。

图 223　原图选区

图 224 选区羽化值为 0

图 225 选区羽化值为 100

例如,需要在原始图片上用矩形选区工具复制一朵荷花,左上一朵没有羽化的情况下,边界很明显,非常生硬;右下这朵有50像素的羽化值,复制出来边界几乎都看不到,过渡非常自然。关闭原始图片的图层可视标识,可以看到增加羽化量是使选区图片渐渐变透明的过程。

所有的选区需要自然过渡的地方,都可以通过设置羽化值来实现。这个方法经常被用来设置一定的羽化量复制图像,去弥补原始图片上的一些缺陷,达到没有痕迹的效果。

图 226　两种羽化值效果

图 227　在透明底上的效果

### 三、设置羽化值

在做选区的时候,只能看到边界蚁形线,并不能看到羽化过渡区域是多大。也就是说,羽化值的设置完全靠经验判断,如果设置不合适,需要重新设置。

图 228　设置羽化值

1. 直接在选区工具下,在属性栏内修改羽化值的输入框内的数值,这样画出来的选区就按输入值带有的羽化量。这个数值带有记忆功能,也就是再次使用选区工具时,如果不重新设置数值,软件将默认上一次遗留的设置。

2. 在属性栏内羽化值为零的情况下,先进行选区的画定,然后鼠标右键点击选区,出现下拉菜单,选择"羽化",在弹出的羽化对话框中填入羽化值,选区自动生成羽化。如果属性栏内羽化值不为零,等于在原基础上再次增加羽化量。如果设置羽化量不合适,需要在菜单栏点击【编辑】→【后退一步】,撤销一步,重新设置。

图229 羽化示意

图230 羽化半径

3. 画好选区后,在菜单栏点击【选择】→【修改】→【羽化】,也会弹出羽化对话框。

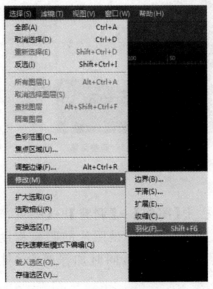

图231 菜单中设置羽化值

羽化量等于是伴随选区的一种功能,不会影响选区本身的作用;如果取消选区,那么属于该选区的羽化功能也就没有了。

## 先从曝光、色彩等基础调整入手

数码照片在拍摄的过程中,受天气、环境和拍摄技术等多种因素的影响,会出现画面色彩平淡、细节不明显、曝光不准确等不如意的情况。原则上几乎所有的数码照片都需要经过后期调整才能使用,经过适当的后期调整,照片会大为增色,甚至变废为宝。

照片在 Ps 软件中进行处理,最基本的调整方式就是采用菜单栏中【图像】→【调整】下拉菜单中的各种命令。

图 232　调整菜单

### 一、亮度/对比度

打开照片,点击菜单栏中【图像】→【调整】→【亮度/对比度】,出现一个简单的对话框,包含两个基本选项:"亮度"是照片的明亮程度,"对比度"是颜色之间的对比程度,既提高了照片高光亮度,同时加深暗部,对比度越大,各颜色之间的差异越明显。

Ps 基础调整方法

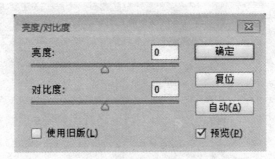

图233 亮度/对比度对话框

向右拖拽滑块数字变大,可以增加照片的亮度与对比度;向左拖拽滑块数字变负,则降低照片的亮度与对比度,调整合适后,点击"确定"完成。这个调整是针对整个照片或指定选区内的,使得照片变得明亮清晰,操作简单,效果明显,调整时勾选"预览"就能看到调整时的变化。

由于这个调整命令可控性相对较低,调整时会造成照片部分细节损失,建议使用时拖动滑块时幅度不要太大,尽可能不使用"自动(A)"方式调整。

图234 原图

图 235　调整效果

## 二、色阶

色阶就是用直方图显示出的整张照片的明暗信息。也就是说，色阶的调整完全是和直方图挂钩的，它可以调整照片的高光、阴影和中间调的强度关系，校正色调范围和色彩平衡。它的最明显作用就是使一张灰蒙蒙的照片变得清晰明亮。

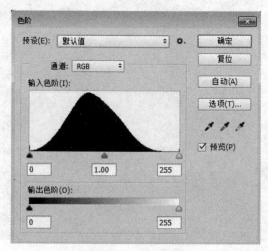

图 236　色阶对话框

打开照片，点击菜单栏中【图像】→【调整】→【色阶】，直方图显示从左至右是从暗到亮的像素分布，黑色三角代表照片最暗处，白色三角代表最亮处，灰色三角代表中间调。

基础调整方法

"输入色阶"是调节图像的明暗对比。黑色滑块向右滑动,暗部区域更暗;白色滑块向左滑动,亮部区域更亮;中间调滑块控制暗部区域和亮部区域的比例平衡。

"通道"可选择要调整的通道范围。可以整体调整,也可以分红绿蓝单独通道调整,这部分知识点将在后面的章节进行介绍。

"输出色阶"调节图像的明暗程度,黑色滑动向右滑动,图像整体变亮;白色滑块向左滑动,图像整体变暗。

"自动(A)"会自动将每个通道中最亮和最暗的像素定义为白色和黑色,然后再按照比例重新分布中间的像素值。用此方法可以重新均匀分布图像每个通道的色阶,以自动增强照片的对比度,如果对于色阶操作掌握不熟练,可以选择此功能,把调整工作交给软件去完成,效果也是不错的。

用色阶工具来调整照片曝光度,使用起来非常方便,但是色阶调整是以合并像素为代价的,虽然很细微,但还是会对图像造成一定的损失。

三个"吸管工具"分别用于设置图像黑场、白场和灰场,从而调整图像的明暗关系。使用黑场吸管工具点击在照片上,会使该点像素以及比该点像素更暗的像素点都变为黑色;使用白场吸管工具,会使被点击处像素以及比该点像素亮的像素点都变为白色;灰场吸管工具通常用来校正白平衡,纠正色偏的照片。

1. 在色阶对话框中,拉动黑白灰三个▲滑块,就可以使得照片亮度与清晰度发生变化,感觉把照片上的一层灰色消除掉了。调整合适后,点击"确定"完成;如果调整时没有把握,可以先点击"自动(A)",这时会显示一个自动调整后的参考数值,然后在此基础上微调▲滑块,直至符合自己的要求。

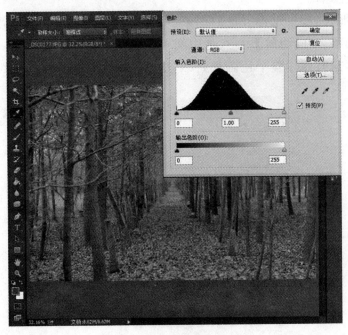

图 237　原图

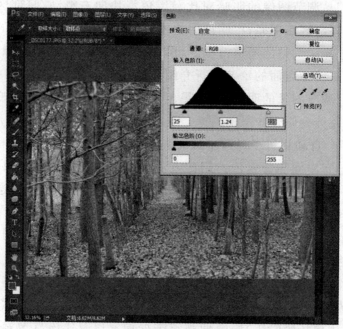

图 238　色阶调整效果

2. 如何利用色阶中的灰场吸管工具实现一键白平衡？白平衡通俗的理解就是让白色在照片中依然为白色，如果白色还原准确了，那么其他的影像颜色也会接近人眼的色彩视觉习惯，否则会产生色偏的情况。照片在拍摄过程中，环境受到人工照明光源的影响偏蓝或偏黄，单反相机不具备自动识别由于色偏而改变的白色，会导致照片也发生色偏。

打开一张照片，如果觉得有色偏现象，可以查看白色或中性区域，比如白色的衣服、水泥的路面等。在【色阶】中，点选中间一个灰色吸管工具，然后在照片中找到灰色区域并单击，这时照片整个色调都将以这个点为白平衡基准点来纠正颜色，点击"确定"完成。

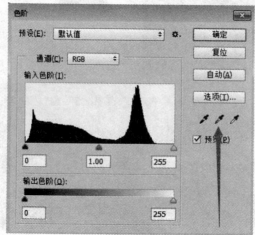

图 239　灰场吸管工具

下面这张照片看上去整体偏红，可以用灰色吸管工具点击台阶或墙体部分，因为这些地方都接近于中性灰色，比较容易恢复白平衡。但是纠正色偏是靠个人视觉感受去判断的，点击照片不同的地方，会有微小差别，这完全要凭眼睛观看了。多点几个地方，调整到一种比较好的视觉效果就算完成了。但是如果点错地方，比如蓝天部分，这里不可能具有中性灰色，这样只会使照片偏色更厉害。

图 240　原照片偏红

图 241　白平衡纠正

图 242　选择蓝天作为查找色偏的取样点是错误的

3. 如果所拍场景的光源非常复杂,或需要完全自主无损地控制照片白平衡,那么就需要使用单反相机 Raw 格式进行拍摄,然后在 Camera Raw(ACR)滤镜进行精确调整。Raw 格式的照片后期可调整能力要强于 JPG 格式照片,并且完全可以将照片的白平衡问题修正,后面章节将会介绍。

4. 有的色偏是有用的,并不需要去纠正。人像略微偏黄的色调,可以增加温馨感;日落夕阳的暖色调,可以烘托出温馨气氛。这些特殊的偏色可以增加一定的视觉效果和艺术感染力。此时如果将白平衡修正到精准也许会适得其反,让照片看起来不自然。

图 243　暖色调色偏

图 244　夕阳效果色偏

## 三、曲线

在 Ps 软件中,曲线反映的是图像的亮度值,曲线命令调整的是画面明暗关系,利用不同的曲线形态可以比较精确地控制画面各部分的明暗效果。

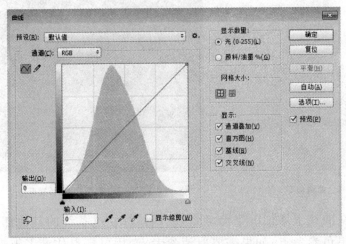

图 245　曲线调整对话框

打开照片,点击菜单栏中【图像】→【调整】→【曲线】,在出现的对话框中也有直方图显示,并有一根 45°的斜线,斜线的左下角代表当前照片的阴影部分,右上角代表照片的高光部分,斜线中间部分是中间调。

在斜线上用鼠标点击一下,就会出现一个黑色参考点,拖动这个参考点向上,斜线就会向上弯曲,整个照片显示偏亮;拖动这个参考点向下,斜线向下弯曲,照片显示偏暗。

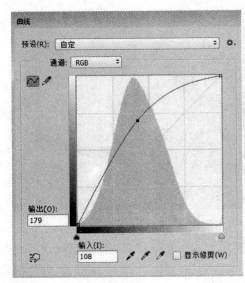

图 246　曲线向上

图 247　图片变亮

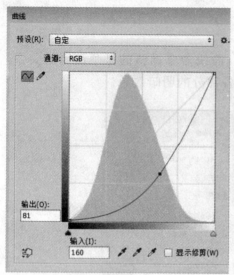

图248 曲线向下　　　　　图249 图片变暗

如果需要在曲线上增加一个参考点,就用鼠标在这条线的其他部位再点击一下就会生成一个黑色参考点;如果需要取消参考点,用鼠标点住参考点变为黑色点,按键盘上的"Delete"键即可删除。

通常在使用曲线命令时,会把曲线调整为S形,就是把照片部分中间调往高光方向略微提高,部分中间调向暗部略微加深,使得整个照片的对比度增加,细节突出,看起来更清晰。

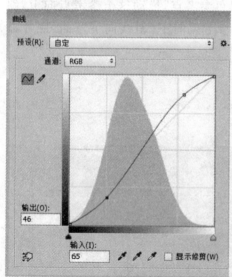

图250 S形曲线　　　　　图251 提高图片对比度

如果觉得自己对设置和拖动参考点调整没有把握,也可以使用"自动(A)"命令,软件会自动计算生成参考点并调整曲线,也可以在此基础上继续拖动参考点微调,感觉满意后点击"确定"完成。

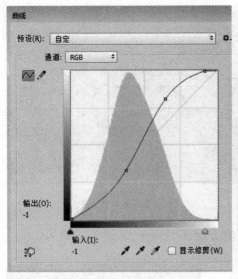
图252 自动曲线

图253 自动曲线效果

曲线命令中的三个吸管工具,和色阶命令中吸管工具的使用方法是一样的。

### 四、自然饱和度

自然饱和度是用于调整照片颜色饱和度的命令,可以使照片变得鲜艳,也可以使照片色彩减淡。

打开照片,点击菜单栏中【图像】→【调整】→【自然饱和度】,出现只有两个滑动杆的对话框。"自然饱和度"调整的是照片中间调不太饱和的部分,对于已经很饱和的色彩基本没有影响,调整起来比较自然,幅度可以稍大。

"饱和度"是对照片整体饱和度的调整,照片中的颜色都会受到改变,如果调整幅度过大,会出现颜色溢出的现象,感觉照片失真。

一般使用该命令时,先调整"自然饱和度"滑杆,如果感觉饱和度仍然不够再调整"饱和度"滑杆,使用"饱和度"滑杆时幅度一定不能太大。

图254 自然饱和度调整

图255 自然饱和度调整效果

图256 饱和度调整

图257 饱和度调整效果

也可以运用降低"自然饱和度"和"饱和度"的方法来达到一定的艺术效果。

图258 原图

图259 降低饱和度效果

## 五、色相/饱和度

用于改变照片中某一部分颜色的色相，调整颜色饱和度和明度，获得丰富的颜色效果，突显照片主体风格。

打开照片，点击菜单栏中【图像】→【调整】→【色相/饱和度】，对话框中有"色相""饱和度"和"明度"三个调整滑杆，拖动相应的滑块，就可以调整对应的颜色属性。在"全图"下拉菜单中可以选择要调整的颜色。如果选择"全图"，拖动下面的滑块，可以调整照片中所有颜色的色相、饱和度和明度。

基础调整方法

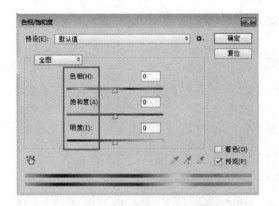
图260　色相/饱和度调整对话框

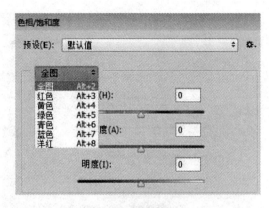
图261　分色调整选择菜单

如果将全图的色相(+80)进行改变,图中的绿色会变成青蓝色,黄色会变成绿色,红色变成黄绿色;如果将全图的色相(-80)进行改变,则绿色会变成橘红色,黄色会变成玫红色,红色变成青色。整张照片颜色的色相都会改变。

图262　原图

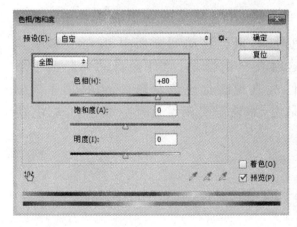
图263　全图色相右移更改

图264　调整效果

123

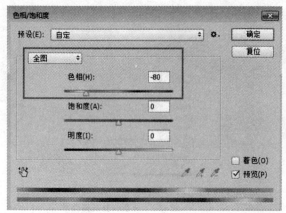

图 265　全图色相左移更改

图 266　调整效果

在实际调整过程中，并不会把整张照片色相都改变，只是将其中部分颜色做改动，比如需要调整绿色部分，可以在"全图"菜单里选择"绿色"进行调整，这时照片的红色或者黄色并不会被改变。

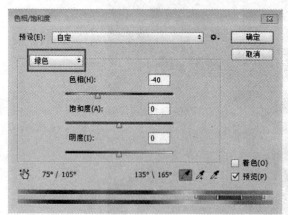

图 267　选择颜色更改色相

图 268　调整效果

在对话框的左下角，有一个手型标志，点击这个标志可以有两个作用。一是在不能准确判断你所要调整的颜色时，将鼠标移动到画面中，鼠标变成吸管形状，点击你想要调整的颜色部位，这时在全图框里，软件会自动判断颜色属性。例如图中右上角红圈部分的荷叶，凭直观感觉应该是绿色，但是用手型标志去点击后，软件判断为黄色。也就是说，如果需要调整这部分颜色的属性，应该是调整黄色，而非绿色。

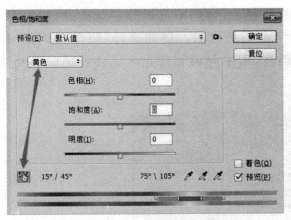
图269 软件识别

图270 区域颜色

第二个作用是可以在照片上直接点击需要调整的颜色位置，按住鼠标左右滑动即可调整该处颜色的饱和度。例如点击手型标志，将鼠标移到花瓣处不要松开，对话框中会自动识别该处颜色为洋红，这时向左或向右拖动鼠标，在照片上可以观察到洋红色部分有明显饱和度的变动，同时对话框的"饱和度"滑杆也随之在移动。

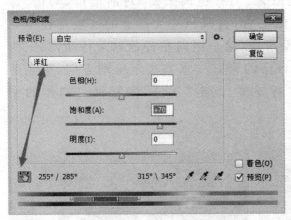
图271 调整饱和度

图272 点击颜色

## 六、色彩平衡

色彩平衡主要用于调整画面色彩，能够分别对照片的亮部（高光）区域、暗部（阴影）区域和中间调部分进行颜色更改，通过增减互补色来达到画面色彩平衡的效果。

打开照片，点击菜单栏中【图像】→【调整】→【色彩平衡】，对话框中出现"色彩平衡"和"色调平衡"两个调整栏。拖动三组对应颜色滑块，可以对照片颜色进行更改，而每组颜色的两端均为互补色。例如在第一组颜色中（青色—红色），滑块向右滑动，那么等于照片在加红色，同时在减少青色。

"色调平衡"中的选项,意味着在调整照片色彩时,可以分别对高光、阴影和中间调不同的区域进行调整,达到更为准确的效果。例如选择"阴影",调整颜色滑块时,照片中较暗的区域将会被调整,而中间调和高光区域会被很少涉及,甚至不被涉及。

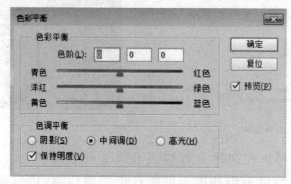

图 273　色彩平衡调整对话框

这个命令常被用于纠正照片某些区域的颜色,或者制作特殊颜色效果的照片。

例如将荷花照片制作成青蓝调的效果。在"色调平衡"对话框里,勾选"保持明度",选择"中间调",因为从直方图上看,这张照片大部分的区域都在中间调上,高光和暗部都比较少。然后拖动滑块,第一组向左青色方向移动,第三组向右蓝色方向移动,第二组可以根据自己的喜好要求来决定拖动方向,感觉适合后点击"确定"完成。如果需要重新调整,点击"复位"恢复到最初始的中间值。

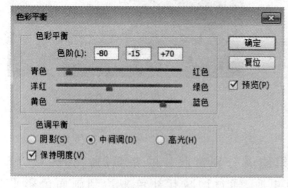 

图 274　调整荷花颜色　　　　　图 275　调整颜色效果

再比如下面秋天的银杏林照片,由于光线不足,拍摄时金黄的效果不明显,也可以通过"色彩平衡"命令来调整。因为照片没有太多的高光区域,所以调整可以只在阴影和中间调上拉动色彩滑杆即可。

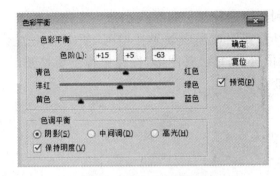
图 276 色彩平衡影调选择 1

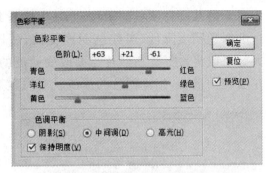
图 277 色彩平衡影调选择 2

图 278 调整前

图 279 调整后

## 七、黑白

"黑白"命令可以用来制作黑白影像的照片,将一张彩色照片转换成黑白照片,可以单独调整原照片中的每一种的明暗深浅来达到所需要的效果。

打开照片,点击菜单栏中【图像】→【调整】→【黑白】,软件会自动把彩色照片转换显示为黑白,同时对话框中有原来照片颜色明度信息数值,可以看到这张照片中红色和绿色明度是一样的,在有色彩的时候可以区分出来,但在灰度图像中,它们的显示是相同的。

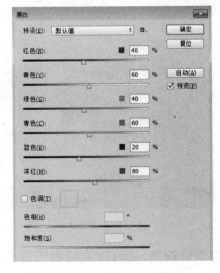
图 280 调整色彩明度对话框

图 281 黑白效果

调整某一种颜色的滑块，照片上会看到代表这种颜色的深浅在发生变化。把图中的绿色明度降低，洋红色明度提高，可以看到照片黑白效果在增强，明暗对比加大。可以将鼠标放在照片需要改变明度的位置上，呈吸管图形，按住鼠标不要松开，左右拖动鼠标，相应颜色的深浅就会发生变化。

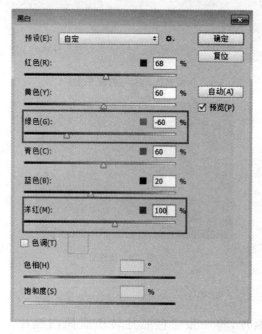

图 282　调整色彩明度

图 283　黑白效果变化

在对话框右侧还有一项"自动（A）"选择按钮，鼠标单击，软件会自行计算照片灰度值并合理混合分布，达到比较好的视觉效果。在对初始调整不熟练的情况下，使用自动命令非常合适，也可以在使用自动命令后的基础上再做每个颜色滑块的微调。

图 284　默认效果

图 285　自动效果

"黑白"命令不仅可以将彩色照片转换为黑白效果，还可以为灰度图像着色，让图像呈现单一色彩效果。勾选对话框下方的"色调"选项，移动"色相"滑块，先选择需要的颜色,然后移动"饱和度"滑块,调整颜色的浓度,调整合适后,点击"确定"完成。这种方法非常适合制作老照片的效果。

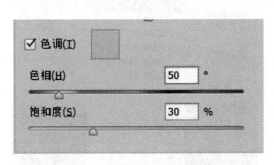

图286 添加暖色调

图287 单一色调效果

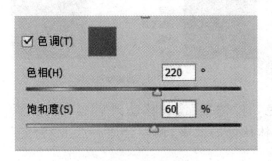

图288 添加冷色调

图289 单一色调效果

## 八、照片滤镜

这里所说的滤镜,指的是类似安装在单反相机镜头前端,用来调整光线色彩,改变色温的配件,现在用Ps后期软件模拟这种彩色滤镜,生成特殊的色彩效果。

打开照片,点击菜单栏中【图像】→【调整】→【照片滤镜】,在"滤镜"选项中有下拉列表,这里预设了很多滤镜颜色种类,可以直接点击选取使用,下面的"颜色"色块会转换到相应颜色;也可以直接点击"颜色"色块,会弹出拾色器对话框,调整色相带和吸管位置,按照需要选取颜色。

"浓度"滑杆可以调整所选颜色的饱和度,数值比例越高,表示颜色越深,对照片所产生的作用强度也越大。

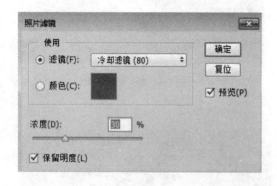

图290 照片滤镜对话框

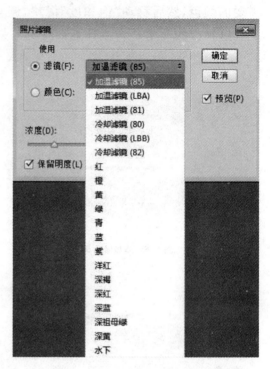

图291 滤镜颜色选择

在"照片滤镜"对话框里,选择橘黄色,将"浓度"滑杆移动到90%,勾选"保留明度"和"预览",就可以看到增加银杏林秋色的效果,调整合适后点击"确定"完成。

图292 原图

图293 滤镜效果

### 九、颜色查找

很多数字图像输出设备都有自己特定的色彩空间,"颜色查找"命令可以让颜色在不同的设备之间准确地传递和再现。在实际照片处理过程中,这个命令可以制作一些特殊效果,在人像照片中用处较多。

图 294　颜色查找对话框　　　　　　　　　图 295　原图

　　打开照片,点击菜单栏中【图像】→【调整】→【颜色查找】,有三个可选项。如果在"3DLUT"选项中,点击后面的下拉菜单,选择其中一项"2Strip.look",照片就会显示一种不同的风格,显得比较淡雅。

图 296　"3DLUT"选项　　　　　　　　　图 297　调整效果

　　点击"摘要"选项(会弹出载入对话框,可以直接关闭),点击后面的下拉菜单,选择其中"Cobalt.Camine",照片会显示另外的风格,有怀旧的感觉。

图 298　Cobalt.Camine 选项　　　　　　　图 299　调整效果

"设备链接"的用法和"摘要"选项一样,每一种选项都会对应一种风格,可以根据实际效果选择使用,认为符合要求点击"确定"完成。

## 十、反相

"反相"命令没有对话框,打开照片,点击菜单栏中【图像】→【调整】→【反相】就直接可以看到效果。其原理就是将照片中每一个像素亮度值执行相反数值,达到反转照片颜色的效果。比如黑色反相就是白色,红色反相就是它的互补色青色,绿色和蓝色的反相,也分别是各自的互补色洋红色和黄色。

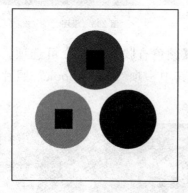

图 300　原图

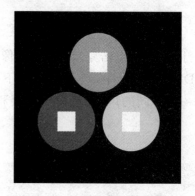

图 301　反向图

在实际制作照片中,这个命令用来在添加蒙版时,改变蒙版的效果。默认为白色蒙版,代表不透明,仅能看到当前图层;经过反相转换为黑色蒙版时,代表完全透明,直接能看到下面的图层。具体操作先点击白色蒙版,框选住蒙版后,点击菜单栏里【调整】→【反相】即可。可以和笔刷工具或渐变工具联合使用,达到调整上下图层关系的效果。

图 302　默认白色蒙版

图303　反转成黑色蒙版

## 十一、阈值

这个命令通过某个指定色阶值作为参照标准,将彩色照片转换成只有黑白两色的图像。凡是比指定色阶值亮的像素均变为白色,比指定色阶值暗的像素全部变为黑色,这个指定色阶值就称为阈值。阈值可以在1～255范围内调整,也就是在调整黑与白的比例。

点击菜单栏中【图像】→【调整】→【阈值】,当阈值对话框为中间值128时,滑块左边代表照片较暗的区域(红框处)将变为黑色,滑块右边代表照片较亮的区域(蓝框处)将变为白色。移动滑块,黑与白的部分显示发生相应变化。

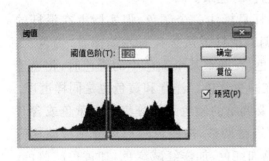

图304　阈值对话框

图305　阈值效果

在实际调整照片过程中,"阈值"命令常用来检查照片的暗部是否有死黑或亮部是否有过曝的像素存在,无论是死黑还是过曝都意味着照片这部分有细节丧失,这是后期处理照片中应该要防止出现的情况。将阈值色阶滑杆向两端移到底进行检查,向左到底色阶值为1,此时图像全白,在白色上不能出现黑色,如果有比较大面积的黑色,说明这部分像素已经纯黑了;向右到底为色阶值为255图像全黑,这时在黑底上不能出现白色,有白色说明部分像素过曝没有细节了。检查完毕点击"取消"恢复到之前状态。

## 十二、可选颜色

这是在调整照片的颜色中一个比较有用的命令,前面所运用的调色方法基本都是针对全图进行色彩调整,为了让照片色彩更加符合要求,在全局调整的基础上,对照片局部色调或部分颜色进行单独调整。它可以调整单个颜色某个色系的深浅和明暗,而不影响其他颜色或色系的变化。

图306　可选颜色调整对话框

打开照片,点击菜单栏中【图像】→【调整】→【可选颜色】,在"颜色"下拉菜单里有具体颜色的选项,包含红、绿、蓝、青、品、黄、黑、白、灰九种颜色。每一种颜色都可以在下面四个调整滑杆中调整该颜色中所包含的色系。

这里有一点需要提醒,虽然颜色调整滑杆只标注一个颜色,但实际上在滑杆的另一端是该颜色的互补色。比如在第一个调整滑杆上虽然只有左端标有"青色"字样,但另一端则应该是青色的互补色——红色,在调整某个颜色中的青色时,相当于同时在调整红色,如果是加青色,意味着也在减少红色。洋红和黄色也是同样道理。

在调整银杏林金黄秋色效果中,照片需要调整的颜色大部分集中于黄色或含有红色的黄色里,在"颜色"中首先选择"黄色"进行调整,按照色彩原理分别移动相应滑块,负值代表减少标示的颜色,即要减青色加红色,加洋红减绿色,加黄色减蓝色。要搞清的是在加洋红减绿色的步骤里,减的不是照片中所有的绿色,而仅仅是减去黄色中含有的绿色,照片中草地的绿色不会被改变,其他加减也是同样原理。因为有的黄色中还含有红色信息,所以可以继续选择"红色"进行调整,调整思路和黄色基本一样。最后一栏"黑色"滑杆调整的是该颜色的明暗,可以根据实际效果作调整,不建议幅度过大。

图 307　黄色部分调整

图 308　红色部分调整

图 309　调整前

图 310　调整后

如果想将一张荷花照片调整为青蓝色调,首先应该选择照片中最多的"绿色",按照调色原理调整加青色加洋红减黄色,并且压暗色调,因为有的绿色中还含有黄色,所以需要再选择"黄色"进行调整。感觉适当后点击"确定"完成。

图 311　绿色部分调整

图 312　黄色部分调整

图 313  调整前

图 314  调整后

调整后的荷花虽然有了一定的青蓝色调,但感觉并不明显,这时可以重复再做一次可选颜色命令,这时照片中绿色已经变成青色了,所以需要在颜色中选择"青色"来进一步加强效果。

再次点击菜单栏中【图像】→【调整】→【可选颜色】,选择"青色"按照色彩原理进行调整,加青色加洋红减黄色,并提亮,点击"确定"完成,这时青蓝调就很明显了。

图 315  青色部分调整

图 316  调整最终效果

在调整时,一是要遵循色彩原理调整滑块,随意拉动滑块是达不到效果的,调整的具体数值要根据照片实际情况和所要达到的效果而定,没有固定的标准值,个人主观感觉是重要决定因素。

## 十三、阴影/高光

数码单反相机在光比很大的环境中拍摄,会出现有光线的地方很亮,没有光线的地方又很暗的情况。比如逆光拍摄出来的照片,反差就会很大,看不清照片主体细节,"阴影/高光"命令可以校正这类明暗关系。该命令针对性较好,可以单独调整照片暗部区域,不影响照片的亮部区域,也可以单独调整亮部而不影响暗部。

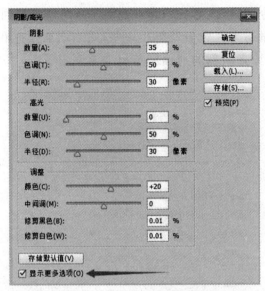

图 317 阴影/高光调整对话框

打开照片,点击菜单栏中【图像】→【调整】→【阴影/高光】,勾选"显示更多选项"就会出现完整对话框,这时软件会给出一个默认参考数值,以恢复暗部为主,但这个数值不是准确的,还需要另外调整。

在"阴影"和"高光"栏里,分别有三个调整滑杆:

"数量"滑杆代表调整的强度,百分比数值越高,强度越大,在阴影选项组"数量"滑块向右移动,数值增大,照片中暗部会加亮,高光选项组滑块向右移动,会使照片亮部区域变暗;

"色调"滑杆用来控制色调的修改范围,数值小,只对较暗(较亮)区域进行调整,数值大则会影响到更多区域,调整效果也会更明显;

"半径"用来影响每一个像素周围其他像素的大小,就是要用多大的范围来调整该区域,如果"半径"增大,调整会使整个图像变亮(或变暗),而不是只是调整区域变亮变暗,半径数值的大小应和照片主体需要调整的面积基本相等,才能达到最佳平衡效果。

第三个"调整"框里的"颜色",可以调整更改后区域中的色彩,因为无论是加亮还是压暗,照片中都会有一部分颜色显现出来,调整颜色值可以改变这部分颜色的饱和度,如果是暗部显示出来的颜色,一般会增加饱和度。

经过阴影/高光的调整,画面通常对比度都会被减弱,照片有发灰的感觉,这时应该调整"中间调对比度"滑杆,移动滑块向右,还原照片应有的对比度。

当"数量"值为 0 时,"色调"和"半径"的调节是没有作用的;黑白修剪参数建议不要更改。

下面这张照片是在正午拍摄,阳光强烈,单反相机无论怎样测光和曝光,都难以保证照片所有的区域都清楚。因为照片中暗部区域面积较大,且暗得比较严重,所以在"阴影/高光"命令中,将阴影的数量调整到80,半径调整到90;亮部区域范围略小,可以将高光的数量与半径数值调得小一些,适当增加颜色和中间调,色调默认值为50可以不调,这样原来暗部的地面细节就非常明显了。

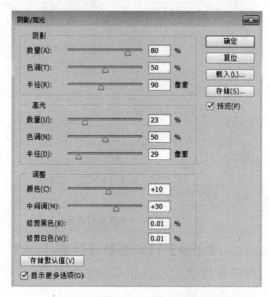

图318 调整后阴影/高光

图319 原图

图320 调整后效果

## 十四、HDR 色调

HDR 是英文"High–Dynamic Range"(高动态范围)的缩写,意思就是图像中无论是亮部区域还是暗部区域都能够被正常识别,细节都得到了保留。人的眼睛动态范围是比较大的,在光比很大的情况下也能识别亮部和暗部的物体,但是数码相机远没有人眼构造这么精密,对动态范围识别是有限的,高档单反相机识别能力会高一些。在单反相机菜单里就有一栏设置,打开"动态 D–Lighting",可以在拍摄时保证照片高光部分曝光正常的情况下,同时提升照片暗部的细节,这样可以明显改善照片品质。拍摄时需要用 Raw 格式,以保证后期制作最大限度地呈现照片的细节。

打开照片，点击菜单栏中【图像】→【调整】→【HDR 色调】，生成的对话框会对照片自动进行调整，照片的清晰度发生了较为明显的改变，有了一定的视觉冲击力。对话框中的可调参数较多，比较重要的是中间栏的"色调和细节"，灰度系数滑杆为 1 时，动态范围最大，曝光度用于控制照片的明暗程度，细节是调整图像的锐化程度的。高级选项栏中的滑杆调节和前面命令中基本是一样的。勾选"平滑边缘"可以使图像边缘过渡更加自然。其他参数可以根据实际效果进行微调，点击"确定"后完成。

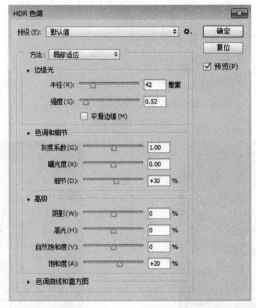

图 321　自动参数

图 322　原图

图 323　HDR 效果

HDR 色调命令在制作特殊人像效果中效果明显，让人像更有质感，更有视觉上的立体感。下面照片中的老人，用 HDR 色调效果进行后期制作，可以将脸部岁月痕迹表现得更加突出。

139

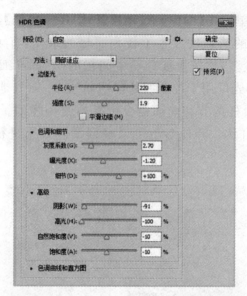

图 324 调整参数

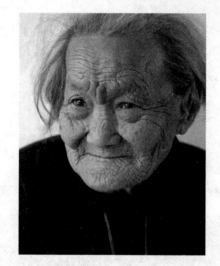

图 325 原图

图 326 HDR 效果

## 学会视图缩放、照片尺寸缩放,并正确保存做好的照片

### 一、视图缩放

在 Ps 软件中制作数码照片,需要不断地放大、缩小或查看局部视图,来观察制作效果。这里的缩放仅是显示画面的大小,并没有改变照片原来的尺寸。

1. 使用鼠标滚轮缩放视图。这个需要在菜单栏中【编辑】→【首选项】→【常规】→【工具】一栏设置,勾选【用滚轮缩放】,这样在 Ps 界面看图时,直接可以用鼠标滚轮缩放视图，而且是无级缩放，这是目前使用视图缩放的最佳方法。这种方法对电脑的显卡和内存稍有要求，如果硬件配置过低，所调整的图像又很大，会发生鼠标滚轮缩放卡死的现象。

2. 使用放大镜工具缩放视图。在 Ps 界面中，鼠标点击左侧工具栏内的放大镜工具，就可使用视图缩放功能。这种方法从 Ps 软件诞生以来一直就有，虽然 Ps 软件早已更新换代，但 Adobe 公司为了尊重老用户的使用习惯，并没有改变这个工具。

3. 使用快捷键缩放视图。按住键盘左下角"Ctrl"键，同时再按数字后面的"－"键缩小视图，连续按就连续缩小；按住"Ctrl"键的同时按"＋"键，放大视图，可以连续放大。同时按"Ctrl"键和数字"0"，照片在工作区域满屏显示；同时按"Ctrl"键和数字"1"，照片百分之百显示。

## 二、正确存储照片

一张照片经过调色、明暗调整、裁剪等工作制作完成后，需要用正确的方式保存好，以便今后查看使用。

1. 拼合图像。在菜单栏里点击【图层】→【拼合图像】。做图过程中，会有建立新的图层、调整层、蒙版等多项中间步骤，在存储之前要把这些都拼合到一个图层中去显示最终效果，注意拼合时不能有隐藏图层。

2. 转换配置文件。在 Ps 软件里，预设的调整和储存色彩空间可能不是通用的标准 sRGB 色彩空间，如果

图 327 拼合图像菜单

不进行转换，很有可能在其他图像浏览器上看不到正确的照片颜色，分享时可能出现色彩很怪的现象。但不论转换与否，照片在 Ps 软件里打开依然会显示正常的。也就是说，这种转换是为了适应其他通用浏览器。

在菜单栏里点击【编辑】→【转换为配置文件】，出现转换对话框，看这时"源空间"和"目标空间"的配置文件显示都不是"sRGBIEC61966－2.1"字样（简称 sRGB），点击"目标空间"的配置文件后面的三角下拉选择菜单，找到"sRG-BIEC61966－2.1"这个选项，点击"确定"完成转换。如果打开转换对话框中"目标空间"的配置文件已经是 sRGB 选项了，可以直接点"确定"完成。

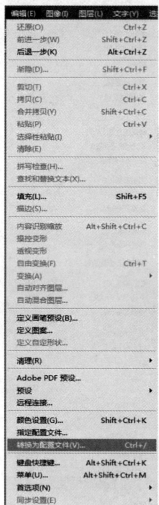

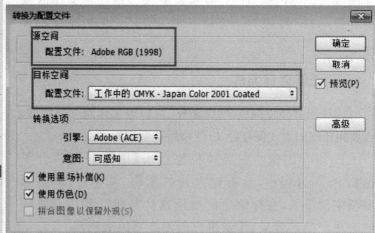

图 328　转换为配置文件菜单　　　　　图 329　转换对话框

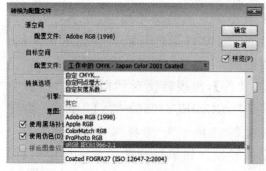

图 330　选择色彩模式　　　　　　　　图 331　sRGB 色彩模式

3. 照片存储。做好以上两步准备工作，点击【文件】→【存储为】，出现存储对话框，可以看到配置文件已经转换到 sRGB 色彩空间。此时默认的保存类型为 PSD

格式,建议在"保存类型"下拉菜单里选择 JPEG 或 TIFF 这两种较为常用的照片格式,可以在左侧的导航栏里找到要存储的盘符或文件夹,还可以修改要存储照片的文件名,点击"保存",弹出保存品质对话框,需要原图最高品质保存的话,数值填12,或者把文件滑块向右移到底,点击"确定"。完成之后,可以打开刚刚存储的文件夹,查看是否存储正确。

存储时建议选择固定的大容量盘符,或是新建一个文件夹,用地点、时间、内容等命名好,这样以后找起来会比较方便;不要使用【存储】命令直接存照片,这样做系统可能会默认把原图替换掉;照片制作完成后首次存储一定要选择最高品质。

图332 存储菜单

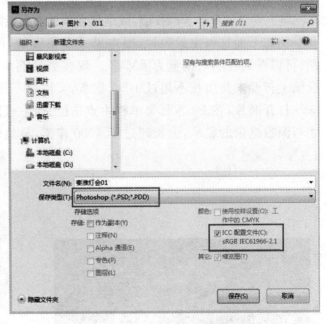

图333 保存文件格式选择

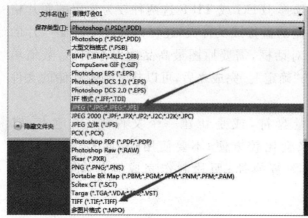
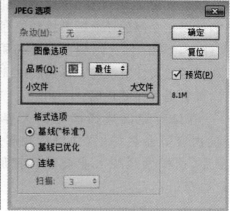

图 334　保存文件格式菜单　　　　　　　图 335　保存文件品质选项

### 三、照片尺寸缩放

照片根据使用的要求不同，可能需要放大、缩小或改变分辨率，照片尺寸的改变实质上是像素点数量的改变，这种改变会影响照片在屏幕上显示的视觉效果，输出打印的质量，以及影响占用存储空间的容量。

现在单反相机拍出来的照片尺寸都很大，保存在自己的电脑中是可以的，如果需要在网络上发表或者电子档投稿，或是放在手机中发微博、微信等，可能都需要缩小照片。

例如下面这张夜景照片，原本尺寸是很大的，用鼠标右键点击照片查看照片属性，可以看到存储数据量为 8M 多。现在需要缩小后用电子档在网站投稿，一般的投稿上传要求是边长不超过 1000 像素，文件量不超过 500K。

打开照片，在 Ps 界面菜单栏中点击【图像】→【图像大小】，看到对话框有照片尺寸与源数据量的显示，边长超过了 4000 像素，显然这个数值大于投稿要求。

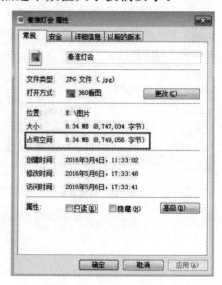

图 336　照片显示　　　　　　　　　　　图 337　照片存储占用空间

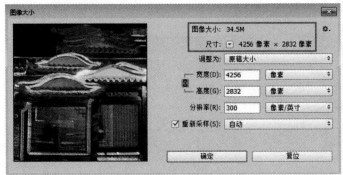 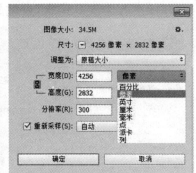

图338 照片尺寸　　　　　　　　　　图339 照片尺寸显示菜单

对话框左侧显示有原图的部分图像，便于调整时观看画质的变化，右边标有照片的宽度、高度和分辨率。在数值单位选择下拉菜单中，可以根据需要选择使用，一般"像素"和"厘米"较为常用。

如果需要将这张夜景照片缩小到可以投稿的尺寸，首先选择像素为单位，更改边长为1000，这时高度数值会同比例缩小，左侧预览框中的图片精度已经下降了，细节出现模糊。点击"确定"，此时不要修改"分辨率"的数值，保持300像素/英寸，因为提高分辨率不会生成新的原始数据，也就不会提高图片的清晰度。

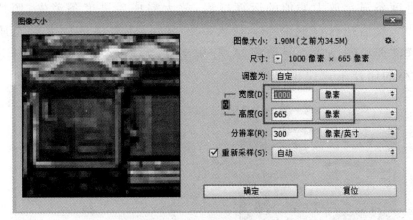

图340 调整照片大小

做完这一步，已经将边长降到1000像素，那么照片数据量是否在500K以下呢？那就需要改变照片品质了。执行存储命令，点击"保存"，出现保存品质对话框，将品质设置到最大12，观察右侧有个数据大小显示为692K，仍然高于要求，这时将品质数值适当减小至11，会获得相应数据490K，或者再降低一些直到符合要求为止，点击"确定"另存。

品质滑块调整数值不要低于8，否则照片画质会严重衰减；如果品质数值已经降到8，数据量还是过高，建议执行【图像大小】命令时，把边长再降低一些，比如从

1000 像素改为 800 像素，再做品质调整。

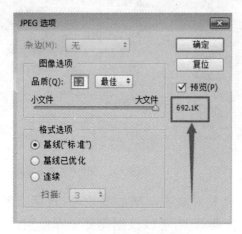

图 341　照片品质显示

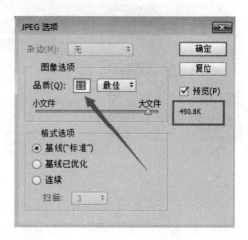

图 342　照片品质调整

一幅照片如果需要输出打印成大照片展览，或是挂在家里装饰，那就需要放大照片。例如想将下面这张夜景照片放大到 60×40 厘米左右做装饰画，点击【图像】→【图像大小】，选择厘米为单位，可以看到边长只有 36 厘米，不够大，更改数值至 60，高度数值会同比例扩大，也可以改高度至 40 厘米，宽度也会同比例增加，更改后照片的源数据量会增加很多。勾选"重新采样"，点击"确定"后，会有进度条显示放大插值的运算过程，放大完成后进度条消失，照片被放大到需要尺寸，然后执行存储命令。放大一张照片，还要保证放大后画质依然符合要求，这需要原图品质本身就很好，分辨率高，源数据量较大。过低分辨率和像素值很小的照片不建议进行放大。

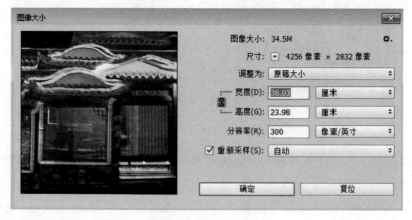

图 343　照片原尺寸

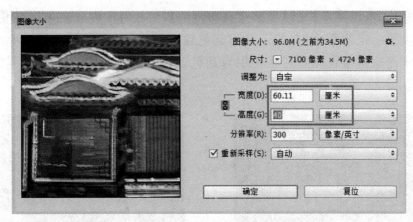

图 344　照片尺寸放大

## 学习几种调整图像的命令

### 一、做图的自动命令

1. 自动色调。把照片明暗和颜色的调整交给 Ps 软件来完成，软件将照片中每个颜色通道中最亮的像素定义为白色，把最暗的像素定义为黑色，并重新把中间像素值按比例分布，增强照片整体色彩对比度。类似于"色阶"中的自动命令，不过色阶只参与明暗的调整，不对颜色进行调整。

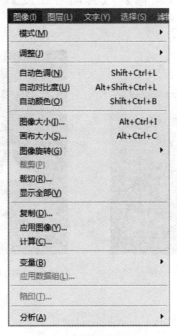

图 345　图像调整命令菜单

打开照片,点击菜单栏【图像】→【自动色调】,照片对比度立刻就有变化,但同时颜色也发生了一定的变化,有的还会引起色偏,所以需要根据照片具体要求来使用该命令。下面这张银杏林照片在使用自动色调命令后,对比度增强了,同时颜色偏向了蓝紫。

图 346　原图

图 347　自动色调

2. 自动对比度。自动对比度用于调整偏灰的照片,使照片中最亮部分接近于白色,最暗部分接近于黑色,明暗差别更明显一些。该命令不会对照片颜色进行改变,不会产生色偏现象。从直方图上看,它会使黑白两端的不到位的像素"撞墙",对中间调的像素并没有太大的改动。

自动对比度的调整力度较为柔和,适合照片整体调整完毕后,精确微调对比度,既不影响前面调整效果,又能使对比度相对准确。

打开照片,点击菜单栏【图像】→【自动对比度】,照片对比度就会有一定的变化。

图 348　原图较灰

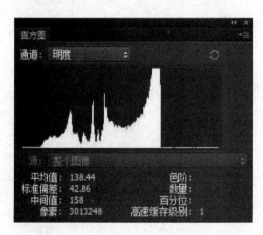
图 349　直方图明暗两边没有到底

图350　自动对比度后

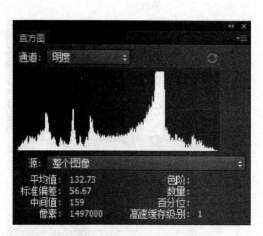
图351　直方图明暗两边均撞墙

3. 自动颜色。通过自动调整照片中的色彩关系，来校正照片的偏色现象，让色彩关系均衡协调起来。

打开照片，点击菜单栏【图像】→【自动颜色】，照片整体颜色会发生变化，类似于自动白平衡效果。

图352　原图

图353　自动颜色

以上三种自动命令可以辅助快速调整照片，合理地选择使用会让后期处理更便捷，准确性更高。

## 二、图像旋转

用于旋转或翻转整个图像，点击菜单栏【图像】→【图像旋转】，会有旋转方式的菜单，根据需要选择其中一项，图片就会按要求变化。

图 354　图像旋转菜单

图 355　原图

图 356　顺时针旋转 90°

图 357　旋转 180°

图 358　水平翻转

图 359　垂直翻转

"任意角度"旋转命令是精确旋转照片的唯一方式,它可以精确到 0.01° 的旋转变化。点击菜单栏【图像】→【图像旋转】→【任意角度】,在对话框中输入需要旋转的角度,图片就会按要求旋转,旋转后底色为背景色。旋转和翻转可以交替使用。

图 360　任意角度旋转对话框

图 361　顺时针旋转 10°

图 362　逆时针旋转 45°

这种旋转是针对图像中所有图层的,如果不止一个图层,只想旋转某一单个图层,需要在菜单里点击【编辑】→【变换】,找到相应的旋转选择项。

### 三、复制图层

新打开的照片为背景层,对照片进行局部调整最好在复制的新图层上操作,这样不会破坏原图。调整满意后再把可见图层合并。有的情况下调整照片是在两个或多个图层之间进行,也需要先复制新图层。

1. 打开照片,点击菜单栏【图层】→【复制图层】,出现背景拷贝字样的对话框,点击"确定",在图层显示栏就会看到新生成一个完全相同的图层。或者点击需要复制的图层,再点击鼠标右键,也会出现复制图层对话框。

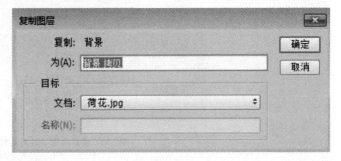

图 363　复制图层菜单　　　　　图 364　复制图层对话框

图 365　复制图层方法 1

2. 在图层显示栏中,用鼠标点中需要复制的图层,不要松开,然后将这个图层拖动到右下角快捷操作窗口中"创建新图层",松开鼠标,也可以创建一个完全相同的图层。

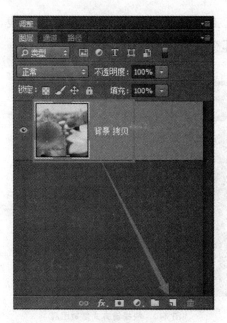
图366 复制图层方法2

图367 拖动创建新图层

3. 使用快捷键复制图层。鼠标点中需要复制的图层,按住键盘"Ctrl"键,再按字母"J",就拷贝了一个新图层。这种方法最为方便快捷。

如果需要对图片的一部分进行复制,可以先用选区工具把需要复制的部分选出来,然后按"Ctrl+J"快捷键,这样就产生一个只有选区部分的新图层。也可以在做好选区后,点击鼠标右键,在出现的菜单里选择"通过拷贝的图层",复制出只有选区部分的新图层。

图368 拷贝图层菜单

例如只需要复制莲蓬部分，先用椭圆选区工具将这部分圈出来，形成蚁形线，使用"Ctrl+J"快捷键方式，就得到了只有莲蓬部分的新图层。

图369　复制图层方法3

图370　快捷键方式复制图层

因为复制的部分和原来是一模一样的，所以会给人没有变化的错觉，但用移动工具点击刚刚复制的区域稍稍移动位置就能看出来了，或者点击图层调整框内"背景"图层前面的小眼睛标识，将背景关闭不可见，就露出了复制的部分。

图371　移动复制图层

图372　关闭原图层

4. 删除图层。在图层操作窗口中选择需要删除的图层，点击菜单栏【图层】→【删除】→【图层】，确认点击"是"，这个图层就被删掉了。

用鼠标点中需要删除的图层，不要松开，然后将这个图层拖动到右下角快捷操作窗口中垃圾桶标识的"删除图层"工具中，松开鼠标，图层也会被删除。

选择需要删除的图层，直接在键盘上点击"Delete"键删除该图层。

如果发生了误删除，可以点击【编辑】→【后退一步】恢复图层。

基础调整方法

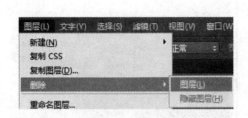

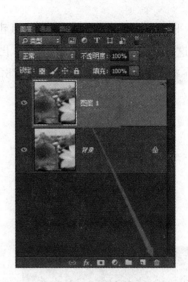

图 373　删除图层菜单　　　　　　　　　图 374　拖动删除图层

## 四、图像变换

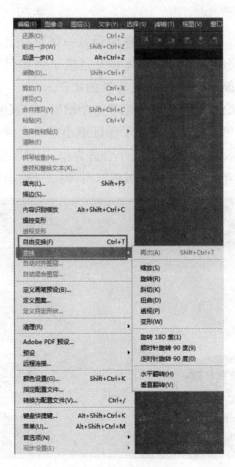

图 375　图像变换菜单

1. 自由变换。打开照片，点击菜单栏【选择】→【全部】，这时图片边缘出现蚁形线，这表示整张照片都为选区。再点击【编辑】→【自由变换】，蚁形线周围出现八个调节参考点，拖动任意参考点，都能使图片发生变形，也可以移动选区。

图 376　选择全部菜单　　　　　　　图 377　选择全部显示

在实际制作照片中，是将一张照片叠加到另一张照片上，由于照片比例的缘故，需要放大或缩小某一部分，使得照片整体相互适应。例如想把一只小纸船放在河面上，显然纸船过大，需要缩小一些来适应场景的比例。

将两张照片在同一文件下打开，选择纸船这个图层，点击【编辑】→【自由变换】，在纸船图层出现参考点后，就可以变动了。为了保证缩小是同比例的，在操作时按住"Shift"键，鼠标拖动参考点往里收缩，直到感觉大小合适为止，还可以移动到恰当位置上去。点击属性栏后面的"√"，或者鼠标在变换区域内双击，确认变换动作，参考点消失。

图 378　变换图层

图379 变换移动效果

2. 变换。在【变换】命令中,含有很多选择项,其中缩放、旋转、斜切、扭曲、透视属于整体换,点击其中一个命令,在生成的参考点上用鼠标拖动,即可产生相应效果。其中的缩放旋转功能和自由变换基本一样。

图380 缩放旋转

图381 斜切

图382 透视

图383 扭曲

在【变换】命令中,使用比较多的是"变形"功能,它可以对照片局部进行变换修正。下面这张老人清晨扫地的照片,由于拍摄角度的偏差和镜头的透视关系,造成左边房墙和右侧屋顶都略微倾斜,单用矫正水平的方法无法达到纠偏的效果。

先复制该图层,点击菜单栏【编辑】→【变换】→【变形】,图像边界出现参考点和九宫格参考线。根据需要,用鼠标点住左上角的点往外侧移动,再点住右下角往下方移动,根据参考线观察是否纠正到位,可以多次多点移动。调整合适后,点击属性栏后面的"√",或者按键盘"Enter"键完成。

图 384　变形部位

图 385　变形操作

图 386　调整前

图 387　调整后

变换命令使用得当,能够纠正图像局部变形和歪斜,达到横平竖直的良好视觉效果,但同时也改变了原图的形态和像素分布,对图像有一定的破坏性,为了保证后期的画质,不建议进行过分放大,或者大幅度变形扭曲。

## 利用图层和蒙版进一步调整照片

图层是 Ps 软件的核心概念之一,所有的调整都是基于图层的存在,很多的图像处理功能也是图层所提供的。打开图像时,都是只有一个背景层,很多操作都不能在背景层上面进行,所以第一步就是复制图层。

蒙版也是 Ps 软件的一个重要概念,它是依附于图层的虚拟图层,相当于一个遮罩。使用蒙版可以控制图层区域内部分内容的隐藏或显示。更改蒙版可以对图层应用各种效果,不会影响该图层上的图像。利用蒙版黑色与白色,可以按需要控制图层某个部分的不透明度。

在蒙版中只有黑白灰颜色显示,但作用在蒙版上并不代表颜色,白色表示不透明,黑色表示完全透明,灰色表示半透明。

在同一文件里打开两张不同的照片,选择上面一张夜景照片,点击快捷操作栏"添加蒙版"工具,这时会在这张照片后面默认生成一个白色的蒙版。

图 388　添加蒙版

当蒙版是纯白色时,只显示夜景照片,看不到下面图层的荷花照片,这和没有蒙版的显示状态是一样的;将白色蒙版反相转为黑色后,就直接能显示下面的图层,而看不到上面的图层。

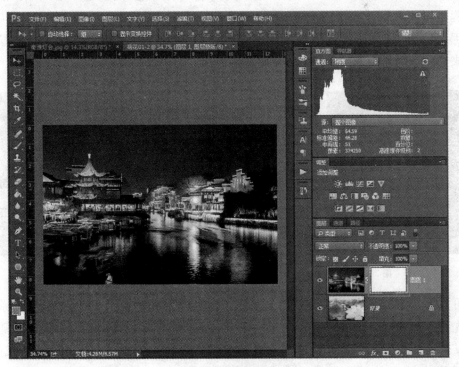

图 389　白色蒙版效果

图 390 黑色蒙版效果

如果将蒙版变成黑白灰三种颜色,那么呈现的效果就是白色区域依旧是上层的夜景照片,黑色部分是下面荷花照片,中间灰色则是半透明;灰色深浅不同,照片的透明程度不同。

因为蒙版中的白色,表示该层不透明,显示为上层;蒙版中的黑色表示该层被遮罩起来,呈现透明状态,显示为下层荷花照片。

图 391 蒙版状态

图 392 呈现效果

可以看出在蒙版上涂抹黑白灰的颜色,就可以得到所需要的上下图层关系。这里首先要得到上下不同的图层,图层中有的区域需要保留,有的区域需要用到另一图层某部分;再者如何利用工具在蒙版上按需要涂抹上黑白灰,例如下面这张照片,天空部分正常,但地面建筑感觉太暗了,如果提亮照片,虽然建筑物能看到了,但天空过亮失去细节了,这时用蒙版功能既可以提亮建筑,又可以保留天空细节。

图 393　原图建筑物暗

图 394　提亮后天空丧失细节

先将原照片在 Ps 软件中打开,复制该图层,这时两个图层的图像是一样的,在上面图层的照片上点击【图像】→【调整】,亮度提高,使得建筑物显现出来,这样就得到上下亮度有差别的图层。上图层加默认白色蒙版,使用左侧工具栏"画笔工具",选择柔性书画笔,调整笔刷大小,前景色变为黑色,相当于用画笔蘸黑墨水在白色蒙版上涂抹,当画笔在天空区域涂抹时,蒙版成为黑色,也就是原本过亮的天空部分开始显示下图层正常的天空。

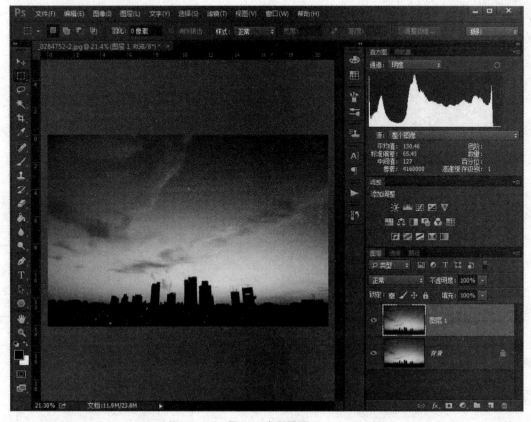
图 395　复制图层

图 396 上图层提亮

图 397 加白蒙版,使用画笔工具,前景色变为黑色

Ps 基础调整方法

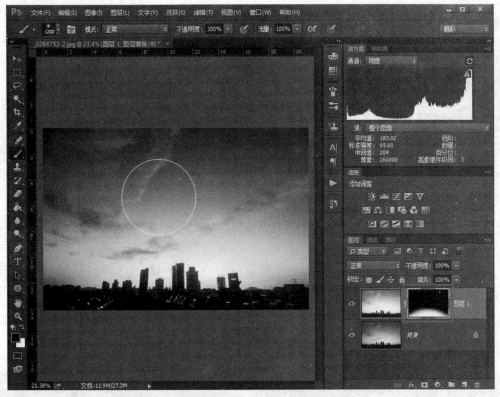

图 398　在天空区域涂抹

图 399　蒙版效果

图 400　照片效果

　　在涂抹过程中，注意不要涂抹到建筑物部分，画笔大小可以在涂抹过程中不断调整，以适应不同涂抹区域。如果涂抹有失误，可以点击【编辑】→【后退一步】，或者更改前景色为白色再涂回来；如果觉得需要重做，可以鼠标右键点击蒙版，删除图层蒙版，然后重新加蒙版操作。如果涂抹灰色呈现半透明效果，一般不在前景色中修改，而是调整画笔属性栏中的"不透明度"和"流量"滑杆，达到改变墨水浓度的效果。

图 401　删除蒙版

图 402　调整不透明度、流量

除了画笔工具会经常用来涂抹蒙版，还有一个就是渐变工具，它们是作用于蒙版的最重要的两类工具。

例如上一张照片，也可以用渐变工具来实现这种效果。复制图层和加蒙版的步骤是相同的，使用工具栏"渐变工具"，在属性栏选择线性渐变，调整前景色为默认黑色，背景色为白色，从图片上端往下拉一条直线，线条拉过的地方蒙版成为黑色和灰色过渡，过亮的天空部分开始显示出下图层正常的天空。

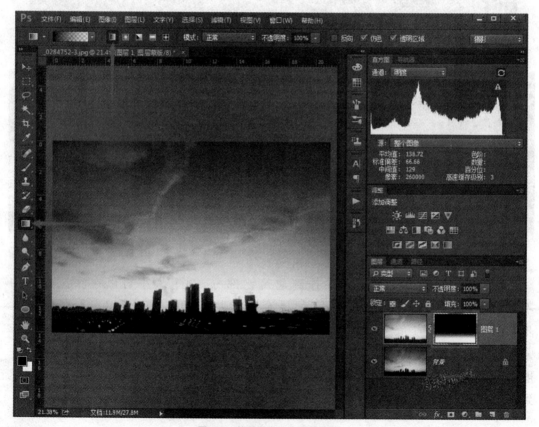
图 403　使用渐变工具调整蒙版

图 404　蒙版状态

在前景色为默认黑色、背景色为白色的情况下拉的这条线，起始位置和起始位置之前，均为黑色，线条结束端和结束端之后仍然是白色。整个线段为从黑到白的过渡区域，也就是由深到浅的半透明，线段越长，过渡区域也越大。在这张图上线段从建筑物的顶端左右的位置，拉到地平线左右的位置就可以了，也就是过渡区域只有地平线上一小段距离，如果觉得下面两个拐角也需要，线段还可以斜向拉。这样可以看到这两种工具都能得到差不多形状的蒙版，也就说明最终都可以达到目的。

如果需要更为精确的涂抹，以上两种工具可以组合使用。例如可先用渐变工具从上往下拉出蒙版渐变效果，但高楼也在渐变区域内，或多或少会影响本来的亮度，这时可以切换选用画笔工具，改前景色为白色，把高楼部分涂抹回来，这样就非常精准了。注意涂抹细微区域时，要及时调整画笔大小。

图 405　工具组合涂抹蒙版

图 406　最终效果

如果把上下图层的位置换一下，较亮的那个图层在下面，这时候应该怎样涂抹蒙版呢？这时建立白色蒙版，天空亮度是正确的，只需要用画笔在下半部分的建筑物区域蒙版处涂抹黑色就可以了。这种情况的变换是比较容易搞错的，要始终记住一点，那就是蒙版的白色部分显示的是上图层，黑色部分显示的是下图层。

图 407　上下图层变化

图 408　蒙版状态变化

在渐变工具里，还有一个比较主要的"径向渐变"工具，它也是拉出一个线段，形成一个由内而外的放射圆形，线段的起始端为前景色，结束端为背景色，线段的长度就是中间的过渡色区域。如果是黑白的这种前景色状态，作用在蒙版上，产生的也是调整上下图层关系的效果。例如将一张彩色照片处理成只有主体人物有色彩。

图 409　原图

图 410　处理后效果

打开照片复制图层步骤和上面是一样的，先将上面图层做成黑白效果，下面图层仍然是彩色的，上图层加白色蒙版，在工具栏中点击"渐变工具"，在属性栏中点击第二项"径向渐变"，调整前景色为黑色，背景色为白色，以主体人物面部为中心，用鼠标拉一个和面部差不多长的线段，先把面部的色彩显示出来，然后鼠标移动到身体部位，再拉一个和身体差不多长的线段，这样身体部分也显示色彩了，其余没有涉及的区域保持黑白色调。如果需要更为精确的区域调整，可以切换选用画笔工具，调整画笔大小，更改前景色进一步精确涂抹，以达到理想效果。

图 411　径向渐变工具

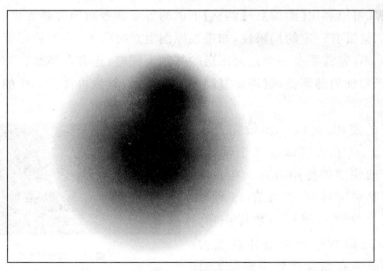

图 412　蒙版状态

在调整过程中"渐变工具"和"画笔工具"可以来回切换，渐变工具中"线性渐变"和"径向渐变"也可以相互切换，前景色和背景色也能根据需要切换；还有画笔大小也可以随时变更；涂抹的"不透明度"和"流量"滑杆也可以随时调整。经过以上种种的变化，足以得到想要的蒙版效果，让照片制作显示变得方便精准。

所有的调整操作都需要作用在蒙版上才有效果，而不是直接作用在图层上，在调整时一定要注意这一点。蒙版调整如果出现错误，可以直接删除蒙版，丝毫不会影响原来的图层，这也是蒙版使用最为神奇的地方。

图413　白边在蒙版上，正确

图414　白边在图层上，错误

## 调整层使用更方便

一张照片可以利用【图像】→【调整】下面的各项命令对照片曝光度、色彩等进行调整，这种调整带有一定的局限性，如果在原图上直接调整，会对原图有一定的破坏性，想保持原图，就需要在一个复制图层的基础上调整；还有调整是针对整体图片进行的，如果想精确局部调整，就需要复制图层加蒙版，然后再选择其中的图层执行调整命令。

调整层的使用，可以一步做完复制图层、加蒙版、点击调整命令三个动作，这是一种方便快捷的使用方式。在右侧可以看到调整层工具框，里面有16种调整命令。把鼠标移动到每一个标识中，就会显示该标识所代表的具体调整命令。如果在界面右侧找不到调整层工具框，可以在菜单栏中打开【窗口】→勾选【调整】。

图415　调整层窗口

复制图层调整和直接使用调整层在使用功能和达到的效果上是一样的，没有区别。但复制图层等于增加了Ps软件计算数据量，可以看到界面显示数据量增加了一倍，等于增加了负担，就会影响电脑处理照片的速度，尤其是在打开多个文件时，电脑运行会明显减慢；而增加调整层，数据量几乎没有增加。

图 416　复制图层的数据量大

图 417　调整层的数据量小

打开一张照片，要对图中建筑物进行提亮调整，可以直接用鼠标点击调整框中的"亮度/对比度"标识,可以看到原图层上方立即新生成一个调整层,并且自带白色的默认蒙版,同时弹出调整的对话框,直接拖动滑块就可以看到调整效果。这个和复制图层,进行菜单中命令调整,然后添加蒙版的效果是一样的。接下来对蒙版效果的涂抹方法和前面是一样的。

图 418　调整层使用效果

在调整涂抹蒙版过程中,如果需要观看蒙版本身效果,按住键盘"Alt"键,鼠标点击蒙版框就可以了,再次点击蒙版框就回到图层显示状态。

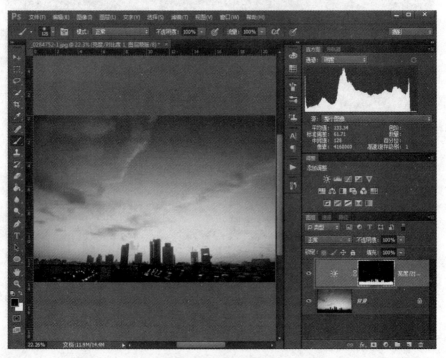

图 419　调整层中调整

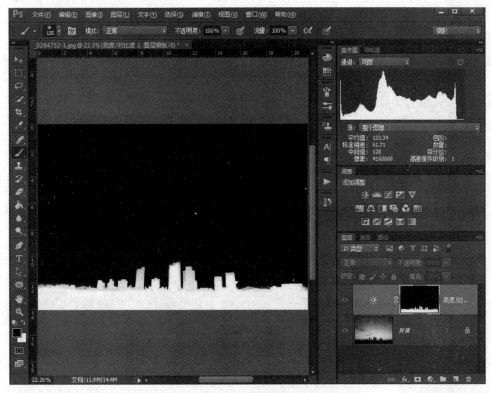

图 420　蒙版效果

调整层的运用是基于已经掌握了【调整】菜单下各项命令的使用方法,而且能够正确使用操作蒙版的功能。菜单【图像】中的调整命令里大部分的命令在调整层都有,这时使用调整层命令是很方便的。但是有部分功能调整层命令是没有的,例如 HDR,当遇到需要这样的调整,还是要回到菜单【图像】调整命令中去。

调整层操作可以做到不破坏原始图像,并且多个调整层可以连续使用,综合产生调整效果,彼此间又可以独立修改。例如先可以在原图上增加"曲线"调整层,调整曲线得到明暗对比的效果,这时还可以再增加一个"可选颜色"调整层,调整红色使得朝阳效果更绚丽,调整层数量不限,需要的话一直可以增加。如果需要修改其中某一个调整层,可以点击这层的调整标识,就会弹出调整对话框;如果需要删除某一层,鼠标点击该层,按键盘"Delete"键即可。调整层自带的蒙版用法都是一样的。

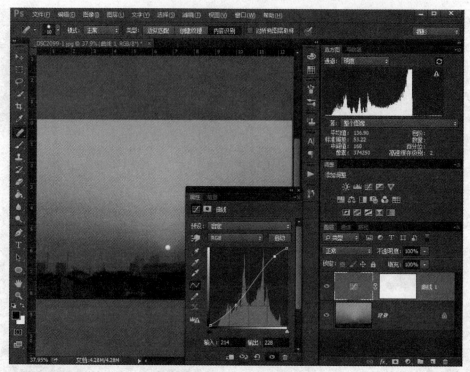

图 421　第一层"曲线"调整层

图 422　第二层"可选颜色"调整层

图 423 原图

图 424 效果图

## 记住常用快捷键,提高做图效率

### 一、快捷键的意义和作用

在使用 Ps 软件调整照片的过程中,界面里各项菜单中都有很多执行命令,用鼠标点击去找到相应的命令速度会较慢,利用快捷键可以代替鼠标一部分工作,打开和关闭菜单调整命令、对话框等操作会极其方便。

快捷键可以是一个或几个简单的字母来代替常用的命令。但最常用的快捷键往往是与"Ctrl""Shift""Alt"功能键组合使用的。在使用时,先在键盘上按下这些功能键,然后再按相应的字母和数字键。还有需要提醒的是,快捷键需要在英文输入法状态下使用,注意字母的大小写方式,否则有部分和英文字母组合的快捷方式会不起作用。

有一些快捷键是系统级快捷键,可以全局响应,运行任何程序,按下都能起作用;还有一类是应用程序级快捷键,只能在当前的程序中起作用,如果发生应用程序快捷键使用冲突,就要关闭另外一个应用程序,在使用 Ps 软件中,最可能遇到冲突的就是 QQ 聊天工具。

图 425 键盘功能键

## 二、常用快捷键介绍

1. 在 Ps 界面中打开照片按 Ctrl＋O(字母 O)，就会弹出照片选择页面；实际操作双击工作区域会弹出照片选择页面更为方便。

2. 如果已经打开了照片，需要工作区域满屏显示按 Ctrl＋0 数字 0)；需要图片 100％的显示按 Ctrl＋Alt＋0 数字 0)或 Ctrl＋1；按 Ctrl＋＋可以放大视图，按 Ctrl＋－可以缩小视图，这个快捷键也可以直接用鼠标滚轮替代。

3. 点中想要复制的图层，按 Ctrl＋J 就是复制该图层，按住 Ctrl 键，连续按 J 就可以连续复制图层；如果按住 Alt 键，鼠标拖动图片，也是复制图层。

4. 自动对比度是常用调整命令，Alt＋Shift＋Ctrl＋L，虽然有点长，但应该记住；三个功能键同时使用的还有 Alt＋Shift＋Ctrl＋B 是转黑白调整；Alt＋Shift＋Ctrl＋E 是盖印层，其余的就不太常用了。

5. 工具栏内的各项工具，都有一个英文字母对应，常用的有规则选区工具，直接按字母 M 键即可，不规则选区工具按字母 L 键，智能选区工具按字母 W 键，裁剪工具按字母 C 键，污点去除按字母 J 键，画笔工具按字母 B 键，渐变工具按字母 G 键，文字工具按字母 T 键，视图屏幕显示模式切换按字母 F 键，前景色和背景色互换按字母 X 键，默认前景色和背景色按字母 D 键。这些会用最好，记得不牢直接用鼠标点击也相对容易。

6. 操作需要还原，按 Ctrl＋Z 可以返回后退一步，再按一次切换回来；Alt＋Ctrl＋Z 撤销步骤，按一次撤销一步，再按一次再撤销一步。

7. Ctrl＋A 代表选择全部，Ctrl＋C 代表复制选择的内容，找到目标按 Ctrl＋V 代表粘贴复制的内容，三个快捷键在很多软件中都代表这样相同的作用。Ctrl＋D 取消选择，就是把选区外围的蚁形线去掉。这四个快捷键使用频率非常高。

8. 直接调用常用图像调整命令有 Ctrl＋U 色相/饱和度，Ctrl＋L 色阶，Ctrl＋M 曲线，Ctrl＋B 色彩平衡。

9. 如果需要对图像或选区进行缩放、旋转、拉伸变形等操作，Ctrl＋T 自由变换快捷键是非常有用的。

10. Ctrl＋I 可以对图像反相，最常用的就是转换蒙版，点击蒙版，使用快捷键就可以进行黑白转换；Shift＋Ctrl＋I 作用是反选，和反相不是一个概念，在现有的选区内进行反选就是选择本来未选择的选区。

11. 在使用去除污点工具、画笔工具、仿制图章等工具时，经常需要不断地调整圆圈的大小，缩小圆圈按"["，放大画笔圆圈按"]"，即英文字母 P 后面的两个方括号键，连续按可以连续缩放。要注意的是，只有在英文输入状态下且字母小写缩放才起作用。

12. 无论在何种工具状态下，如果需要暂时使用"抓手"工具，按住"空格键"就可以显示小手标识并可以用鼠标移动图片，松开空格键回到原本状态。

13. 在规则选区工具或裁切工具中，将选框限制为正方形或圆形可以按 Shift+拖移，如果是从中心绘制选框按 Alt+拖移，需要正方形或圆形并从中心出现画框按 Shift+Alt+拖移。

14. 关于混合模式记住几个常用的即可，Shift+Alt+M 是正片叠底，Shift+Alt+O 是叠加，Shift+Alt+F 是柔光。

15. Shift+Ctrl+A 是所选图层进入 ACR 滤镜界面进行调整，Shift+Ctrl+X 是图层进入液化对话框调整；Shift+Ctrl+S 是图像存储为，即图像另存，建议不要直接使用 Ctrl+S 进行图像保存，因为这样会把图片替代掉而失去原图片。

16. Ctrl+E 是向下合并图层，即把当前图层和下面一个图层进行合并，不涉及其他图层；Shift+Ctrl+E 是合并所有可见图层，不可见图层继续保留不参与合并；Shift+Ctrl+Alt+E 是将所有可见图层进行合并生成新的图层并置顶，相当于图层盖印，原来的图层均保留。

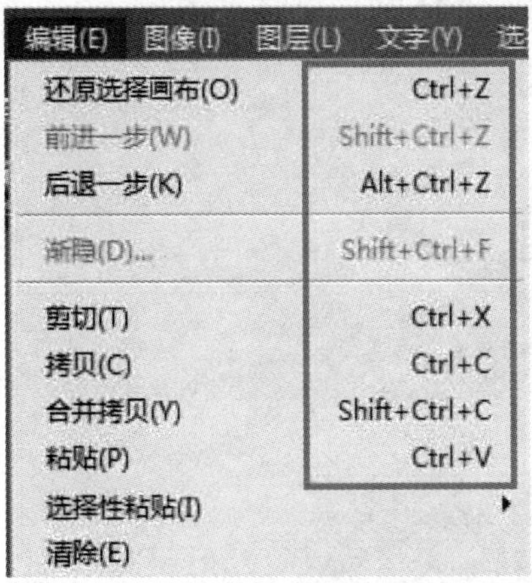

图 426 菜单命令对应快捷键

17. 如果需要对图片尺寸进行缩放，可以用 Alt+Ctrl+I 直接弹出调整图像大小对话框。

18. 所有的"确定"都可以用按 Enter 键完成，就是通常所说的回车键。

对某些不熟悉的快捷键，只需要打开操作命令，就会在后面显示对应的快捷键，如果没有对应的快捷键显示，说明该功能不能使用快捷键，或者需要自定义快捷键。灰色命令表示当前状态不可用。

### 三、自定义快捷键的设置

有的功能经常用，但没有相对应的快捷键，可以利用自定义快捷键的方式，人为设置自己习惯使用的快捷键。例如存储前有一步是"转换为配置文件"，可以看到 Ps 软件本身是没有这个命令的快捷键的，可以通过自定义的方式来设定。

在菜单栏点击【编辑】→【键盘快捷键】，弹出快捷键菜单，点开"编辑"前面的三角，就会出现所有编辑菜单栏的命令和快捷键，往下找到"转换为配置文件"，点击相应快捷键的位置，出现填充框，这时可以按自己习惯使用的快捷键方式，按键盘上相应键输入进去，注意不能和已有的快捷键重复，建议设定使用功能键+符号键。

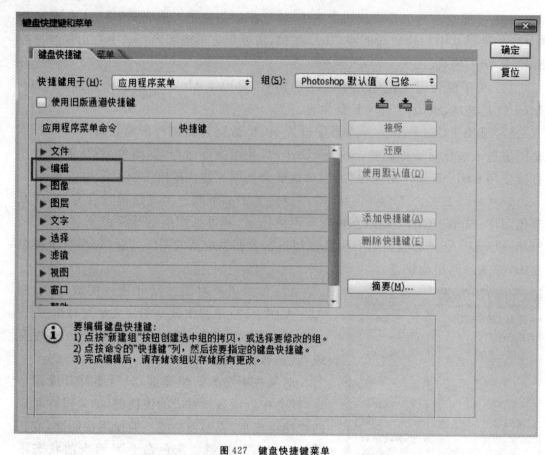

图 427　键盘快捷键菜单

图 428　自定义快捷键

设定好后,点击对话框右上角"确定",【转换为配置文件】自定义快捷键完成,这时可以在编辑菜单栏里看到相应的快捷键显示。其他的自定义快捷键的步骤类似。

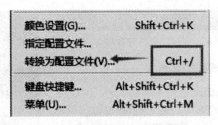

图 429　自定义快捷键显示

## 模糊与锐化——初识内置滤镜

在 Ps 软件自带的滤镜中有一栏风格化类型的工具，可以对照片虚实效果作调整，或是优化照片细节，它是使得照片影像感更强烈的处理手段，这种丰富照片效果的调整方式非常有用，最为常见的就是模糊与锐化功能。

通常拍摄过程中，会通过焦距的变化、利用光圈大小获得景深，来突出拍摄主体和背景之间的关系。但在实际抓拍中，可能相机参数调节显得不那么完美，也许镜头本身素质达不到，这时就可以使用软件中有针对性的滤镜来进行调整和改善，甚至可以弥补前期拍摄的缺陷，让处理后的照片主次分明、效果真实。

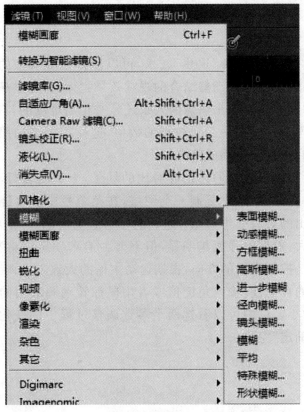

图 430　模糊菜单

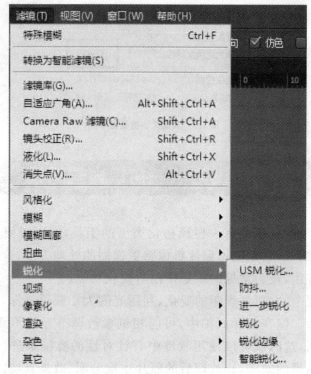

图 431　锐化菜单

### 一、动感模糊

在拍摄运动物体时,有一种"追焦"技术,可以使得拍摄出来的照片中运动的物体是清晰的,而背景模糊,这种动静结合的视觉效果主体突出,动感十足。在实际拍摄中要想精准把握并一次性拍出满意的效果还是有相当难度的,有的拍摄者为了保险起见,会把快门速度固定在一个比较高的数值,这样拍出来的照片动静差异会很不明显,甚至都被高速快门凝固成静态了。

下面这张照片拍摄者很想通过动静对比的场景,来表现自行车运动的速度感,但效果并不理想。打开照片,先复制一个图层,在菜单栏中点击【滤镜】→【模糊】→【动感模糊】,在弹出的对话框中对照片进行运动方式的模糊。"距离"是调节动感程度的滑杆,数值越大,模糊的强度越明显,但不要为追求动感而将数值提得很高,否则会失真;"角度"是控制模糊的方向,根据运动主体的大致方向调节,尽可能保持一致,保证运动画面的合理性,输入角度值或者用鼠标转动圆圈内的平衡杆都可以调整角度。在预览的小窗口中可以看这两个参数调整过程中的变化。感觉背景达到模糊效果后点击"确定"完成。

基础调整方法

图 432　原图　　　　　　　　　　　　　　　图 433　动感模糊效果

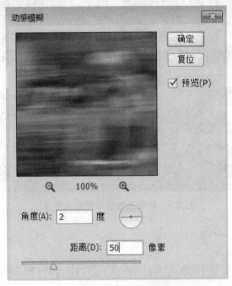

图 434　动感模糊设置

图 435　全图模糊

由于模糊是针对整个照片的,这时需要加蒙版把需要清晰的主体涂抹出来。复制图层时,下面的图层是原来清晰的,在已经模糊好的上图层中加白色蒙版,合理使用画笔工具或渐变工具控制模糊的区域,将主体表现出来。

图 436　蒙版控制动感模糊的区域

## 二、高斯模糊

高斯模糊是用来模拟景深效果的一个功能,由于它模糊计算合理,使用简单,能生成精确的焦外成像效果,所以是后期处理中很常用的方法,它适合将拍摄环境较为复杂的画面虚化背景,突出主体。

打开照片,复制图层,在菜单栏中点击【滤镜】→【模糊】→【高斯模糊】,只需要调整"半径"数值来调整模糊强度即可,觉得效果合适点击"确定"。

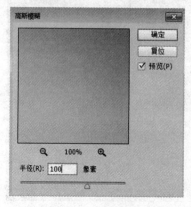

图 437　高斯模糊设置

图 438　全图模糊

接下来所要完成的就是添加蒙版,利用画笔工具将需要清晰的区域涂抹出来,得到想要的效果。

图 439　蒙版控制高斯模糊的区域

如果需要将背景再进一步虚化,可以把高斯模糊的步骤重复一次。可以先将刚才做完的图层合并,点击菜单栏【图层】→【合并可见图层】,得到第一次的效果,然后继续复制该图层,再执行"高斯模糊",这时整个照片模糊程度又加大了,加蒙版涂抹处需要的区域,得到最终效果。虽然这种模糊方式可以模拟景深,但还是比不上高素质镜头所产生的焦外成像效果,它可以在一定范围内使用以增强视觉感,不能完全作为镜头的替代。

图 440　原图　　　　　　图 441　一次高斯模糊　　　　　图 442　二次高斯模糊

## 三、径向模糊

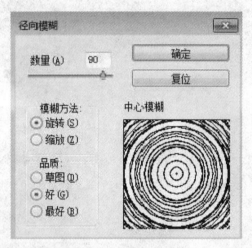

图 443　径向模糊对话框

这是一种可以制造特殊效果的模糊工具，使用得当会非常具有艺术性。

打开照片，复制图层，在菜单栏中点击【滤镜】→【模糊】→【径向模糊】，在出现的对话框中，有"数量"和"模糊方式"两个比较主要的参数。

1. 旋转式模糊。当在对话框中选择"旋转"的模糊方式，在预览框中出现的是圆形，相当于从圆心开始向外扩散的模糊，"数量"值越大旋转模糊的强度越大。

下面这张荷花照片可以利用这样的模糊工具做出动感的艺术效果。

图 444　原图

图 445　旋转式模糊效果

打开照片，复制图层，选择【径向模糊】，对话框中"数量"可以稍大一些，效果会明显，点击"确定"生成模糊效果。添加蒙版后，对蒙版的涂抹需要有一定的技巧，这主要取决于所想达到的艺术效果，画笔工具的大小以及流量不透明度等数值在涂抹中是需要多次变换的。

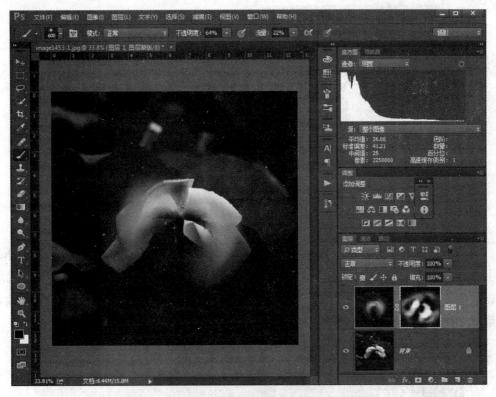

图 446　旋转式模糊后添加蒙版

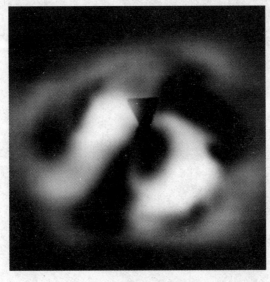

图 447　蒙版涂抹效果

2. 缩放式模糊。选择"缩放"的模糊方式,在预览框中出现的是从中心向外辐射的模糊,有点像爆炸的效果,"数量"值越大缩放模糊的力度越大。两种模糊的中心点都是可以根据需要移动的,鼠标在小方框中点击到哪一点,哪一点就是中心点。

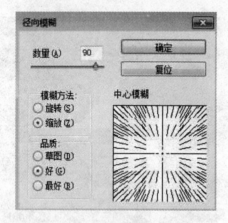
图 448  径向模糊缩放模式

图 449  缩放中心点调整

打开照片,复制图层,点击【径向模糊】,选择"缩放","数量"值可以大一些,用鼠标将中心点移至照片需要缩放模糊的中心点,大概是图中太阳的位置,点击"确定"。因为缩放中心点是大概估计的位置,有可能不太准确,如果发觉位置有偏差需要重做,点击菜单栏【编辑】→【后退一步】,重新进入径向模糊工具,移动中心位置至合适。

添加蒙版,将不需要参与缩放模糊的区域涂抹出来,保留天空爆炸效果。

图 450  缩放式模糊后添加蒙版

图 451　原图

图 452　缩放式模糊效果

## 四、USM 锐化

锐化处理是通过软件完善照片细节，提高照片品质的重要手段。它既可以解决由于前期拍摄环境影响或微小失误所造成的画面问题，也可以进一步提升影像效果。

"USM 锐化"滤镜可以增强图片边缘对比度，将指定阈值范围内的相邻像素对比度增加，使原本较亮的像素变得更亮，而较暗的像素变得更暗，提升细节效果明显，图片损失小。

打开照片，在菜单栏中点击【滤镜】→【锐化】→【USM 锐化】，弹出对话框。"数量"调整滑杆是确定有多少像素参与对比，数值越高，增加参与的像素数量越多；"半径"滑杆是确定边缘像素周围有多少像素被锐化，半径数值越大，边缘效果越明显；"阈值"滑杆是调节像素级差，达到这个级差才会被作为边缘像素进行锐化，数值越大，锐化越弱。参数调整适合后点击"确定"，可以看到效果，也可以放大视图观察。

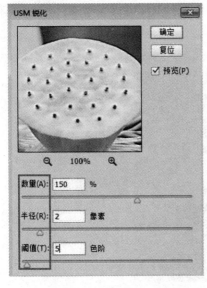
图 453　USM 锐化对话框

图 454　原图

图 455　USM 锐化效果

使用"USM 锐化"时,各项参数要合理,建议"数量"值 100～200,"半径"值 1～3,"阈值"4～10,如果锐化时发觉图片边缘出现严重光晕现象,就需要退回一步,重新设置参数,或者调整时观察预览小图框的变化,以达到最佳锐化效果。一般来说,"半径"值对光晕的产生影响最大,它的数值一定不能太大。

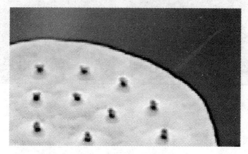

图 456　边缘出现光晕

### 五、防抖

在手持单反相机拍摄过程中,因受风的作用、被摄物体的自身移动、使用长焦端或者较慢的快门等,拍摄稳定性照片可能产生图像不清晰的情况。"防抖"锐化滤镜功能可以在有效范围内消除或改善这种不清晰的情况,这是 Ps CC 软件中新增的一种智能锐化工具,对于相机线性运动造成的图像模糊有较好的锐化效果。

打开照片,在菜单栏中点击【滤镜】→【锐化】→【防抖】,弹出防抖锐化的对话框。

在模糊描摹设置中,"模糊描摹边界"滑杆数值是软件自动推荐设置,是根据预估晃动的程度而定的,也可以根据需要更改,"源杂色"设定为自动;"平滑"是用来减少锐化杂色的,建议设置不要太高,以免损失图像细节;"伪像抑制"是消除锐化中产生的伪像素,保证画面品质。根据"细节"预览框中的小图,可以看到调整效果,还可以点击预览框下方放大按钮放大观察。

图 457　防抖对话框

图 458　防抖参数调整

调整完毕后点击"确定",可以看到原来图像中微小的抖动被改善了,鹅的眼睛部位和地上的植物变得清晰很多。

图 459　原图

图 460　防抖锐化效果

防抖锐化功能对电脑硬件有一定要求,运行过程较长,需要有点耐心。配置较差的电脑不建议使用这项功能。

### 六、智能锐化

这是一种能够较为精确控制锐化效果的工具,可以分别控制照片中高光区域和暗部区域的锐化数量。

打开照片,在菜单栏中点击【滤镜】→【锐化】→【智能锐化】,对话框中的"数量"是锐化数量的设置,数值大会增加像素边缘之间的对比度,建议值100～200;"半径"是边缘像素周围受影响的像素量,数值越大,锐化效果越明显,建议值1～2;"减少杂色"是控制锐化过程产生的色彩噪点,建议值10～30。"移去"是锐化的计算方式,点击下拉菜单显示三个选择项,"高斯模糊"锐化图像会比较锐利,"动感模糊"比较柔和,"镜头模糊"模式则介于前两者之间。

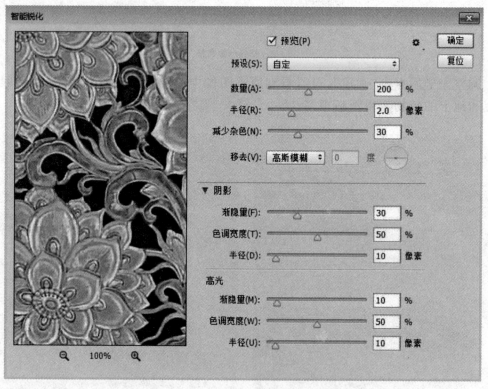

图461　智能锐化对话框

"阴影/高光"调整栏可以比较精确锐化照片中较亮和较暗的区域,使得锐化效果自然清晰。点击"阴影/高光"选项前面的▼按钮,就可以打开隐藏的对话框。"渐隐量"是亮部或暗部参与锐化的数量,"色调宽度"控制修改范围,"半径"控制像素周围区域的大小,决定像素属于阴影还是高光。如果锐化过程中,尤其是亮部的边缘区域产生强烈光晕,这时调整"高光"中的滑杆能消除光晕。

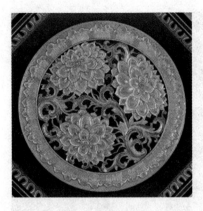
图462 原图

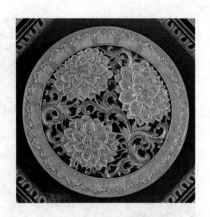
图463 智能锐化效果

## 七、高反差保留

"高反差保留"滤镜保留的是明暗级差或色彩级差较大的部分,适合调整边缘区域的颜色和对比度不明显的照片,配合图层混合模式增强图像边缘细节,参数调整相对简单,不会增加锐化杂色,在提高照片品质上表现十分优秀。

打开照片,复制图层,在菜单栏中点击【滤镜】→【其它】→【高反差保留】,这时整个图片以灰度图像来显示,弹出的对话框只有"半径"一个调整滑杆,它用于控制图像边缘的宽度,数值越大,显示的边缘线条越多,图像混合叠加时效果也越强烈。这个数值应该控制在10以内,否则会将不需要强化的细节也显示出来,造成锐化过度。选择好适当半径后,点击"确定"。

图464 原图

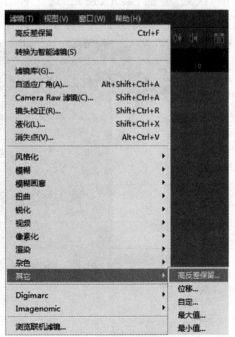
图465 高反差保留

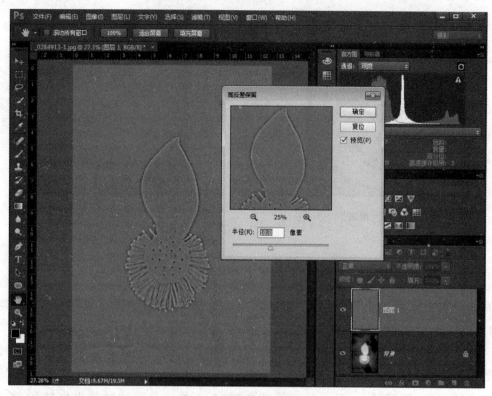

图 466　边缘线条被锐化程度

将高反差保留得到的灰色图层和原图层进行混合，点击混合窗口（箭头处）下拉菜单，找到"叠加、柔光、强光"这三种方式的任意一种进行混合操作，相当于将灰色图层中的灰色全部去掉，只保留需要突出的边缘。

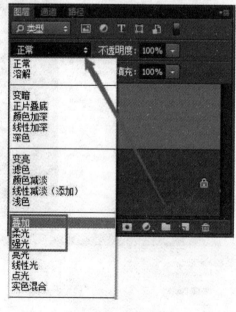

图 467　选用混合模式

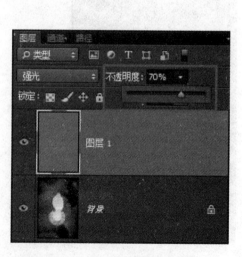

图 468　降低不透明度

可以看出，在照片的边缘有很明显的锐化效果，细节得到强化。三种图层混合模式均可以达到效果，在半径相同的情况下，用"强光"方式锐化程度最高，"叠加"效果其次，"柔光"效果最弱，可以针对不同的锐化需求选用适合的图层混合模式。如果觉得锐化后的效果过于强烈，可以降低图层不透明度来弱化效果。

调整效果不当需要重做时，可以点击菜单栏【编辑】→【后退一步】，重新进入【滤镜】→【其它】→【高反差保留】。

图469　原图

图470　高反差保留效果

在锐化一张照片过程中，仍然可以使用复制图层和添加蒙版的方式，来得到局部区域的锐化效果，比较简单的方法是添加默认白色蒙版，用画笔使用黑色前景色在蒙版上将不需要锐化的部分涂抹出来。

所有锐化工具都只能解决相机轻微的抖动或物体小幅度移动等原因而造成的一些不太严重的模糊，而对于很大范围的运动，或严重失焦造成照片很模糊的情况，是无法纠正的。在拍摄前期应当设置好相机和镜头的参数，合理对焦，使用三脚架，获得一张清晰的照片。

过度锐化会留下较重的人工痕迹，会很不自然，照片产生干涩不柔和的感觉，达不到应有的视觉效果。所以锐化工具中的各项参数设置非常重要，要根据具体情况而定，反复尝试，以达到清晰自然、体现细节的最终目的。

## 接片技术让大场景拍摄不再困难

拍摄风光片时，特别是记录大场景时需要一只广角镜头，但这样的镜头偏贵，而且即便使用广角镜头，也会遇到无法用一张照片完整记录大场景的情况，还有广角镜头特有的畸变也非常难掌控。Ps软件提供了非常实用的接片工具，使用普通标准镜头连续拍摄多张照片，就可以在后期合成一张具有视觉冲击力的全景照片。

## 一、全景照片前期拍摄

这个可以理解为将一个大场景分段进行拍摄,然后拼接起来。要使得前期拍摄的照片能够被 Ps 软件正确合成,在拍摄上要注意以下几个事项:

1. 尽可能用相机手动挡(M)拍摄。由于整个拍摄场景中,受光线角度的影响,明暗关系会有变化,在使用相机自动挡拍摄时,会因为相机测光点的变化,出现每张照片的曝光程度不一样,忽明忽暗的效果会给后期拼合过渡上产生无法消除的痕迹。

2. 使用定焦距拍摄,在拍摄一组接片时,应该固定在一个焦段拍摄,不能来回调节焦距,以防止焦段变化带来的景深不一致和镜头边缘变形的误差。推荐选择 35~70 毫米焦段,后期合成变形较小,利于保障画面的完整性。

3. 使用小光圈较远处对焦后关闭自动对焦功能,这样可以保证这组照片景深基本相同。

4. 拍摄时,照片之间重合部分是有要求的,至少应有 30% 重叠区域,重叠区域过小软件可能无法识别,焦距越短重叠的区域需要的越大。建议每个方向来回各拍一组,保证后期制作的成功率。

5. 在有条件的情况下,最好使用有旋转云台的三脚架来固定相机,保证基本在一个水平线上拍摄,使得画面视角一致,后期拼合的精准度会有明显提高。

图 471　普通焦距拍摄

图 472　接片拍摄素材

图 473　接片效果

## 二、快速自动接片

将需要接片的一组照片放在一个单独的文件夹中,这样操作会容易些。

打开 Ps 软件,点击菜单栏【文件】→【自动】→【Photomerge】,弹出接片对话框,点击"浏览"找到需要接片的文件夹,选中全部需要参与拼接的原照片,点击"确定",这样需要拼接的照片就会显示在接片对话框中,勾选对话框下面"混合图像,晕影去除,几何扭曲校正"三个选项;左侧的版面勾选"自动"即可。点击对话框中的"确定"。

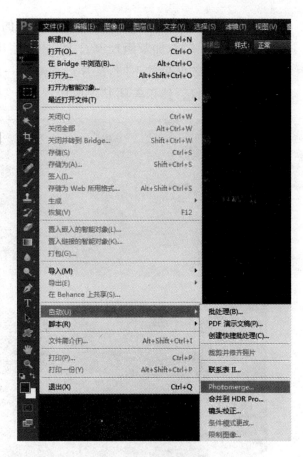

图 474 自动接片菜单

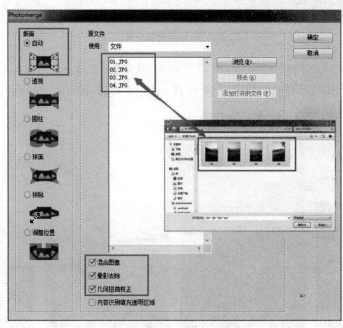

图 475 拼接文件夹中的照片

软件进入自动拼合程序,将照片中相同的部分进行重合,对光影色彩等进行细微调整,创建图层添加蒙版控制过渡,最后输出一张完整的拼接照片。根据接片数量和每张照片数据量的不同,接片过程需要一定的等待时间,如果电脑配置较低,会出现卡死的现象。建议关闭其他应用程序,或缩小原照片再进行拼接。

图 476　拼接效果预览

观察工作窗口的拼接完成后,可以点击菜单栏【图层】→【拼合图像】变成一张照片。再对照片周围多余的透明部分进行自由变换或裁剪,以及使用各种调整工具,最后得到所需要的照片。

图 477　拼接素材

图 478 最终效果

如果拼接前的四张原照片因需要调整,已经在 Ps 软件工作界面中打开,在菜单栏【文件】→【自动】→【Photomerge】接片对话框,点击"添加打开的文件",这时需要拼接的照片也会显示在接片对话框中,设置好参数,点击"确定"后软件自动拼接,其余各步骤是一样的。

图 479 拼接已打开的文件

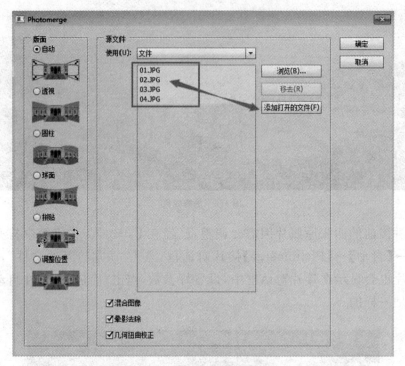

图 480　拼接文件选择对话框

### 三、混合图层接片

将需要的原图在一个文件标题栏内打开，后添加进去的照片打开后如果是智能对象，需要先栅格化图层，只有栅格化后变成普通正常图层才能继续操作。

图 481　在一个标题栏内打开数张照片

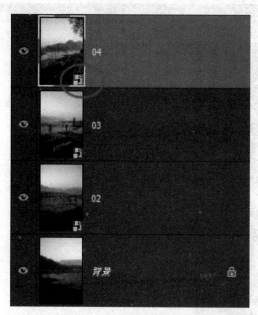

图482 带有标志的智能图层

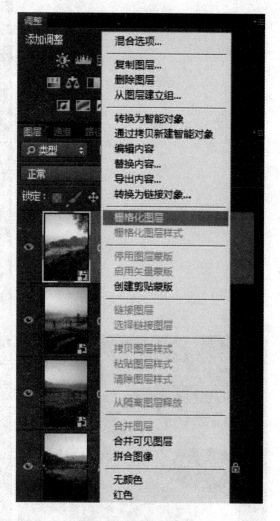

图483 栅格化图层

鼠标右键点击智能图层空白处，在显示菜单内找到"栅格化图层"，可以一张张地执行栅格化，也可以全部选中后一次性执行栅格化。全部选中的方式是按住Ctrl键，然后点击需要栅格化的图层，再用鼠标右键点出栅格化菜单。

全选四个图层，点击第一张照片，按住Shift键，再点击最后一张，四个图层全部都被显示选中。在菜单栏里点击【编辑】→【自动对齐图层】，执行第一步，出现"自动对齐图层"对话框，选择"自动"，勾选"晕影去除，几何扭曲"，点击"确定"，生成一个软件自动对齐拼接的图片，但这不是最后的效果，隐约可以看到有接缝显示。

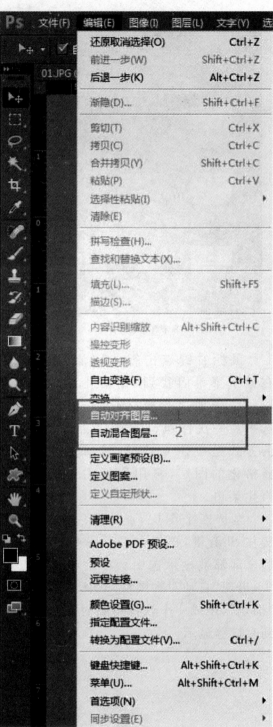

图 484　全选图层　　　　　　　　图 485　分两步执行

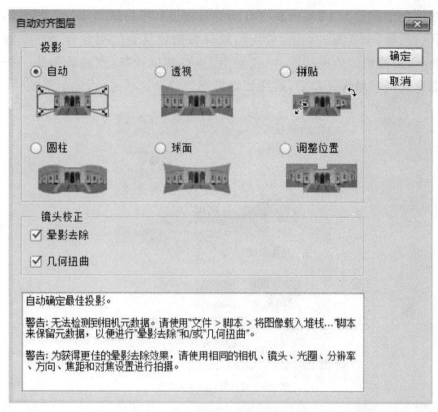

图 486　自动对齐图层对话框

图 487　自动对齐图层效果

继续在菜单栏里点击【编辑】→【自动混合图层】,执行第二步,出现"自动混合图层"对话框,选择"全景图",点击"确定",软件将刚才拼合的图像自动加蒙版进行混合,得到一张过渡均匀的拼接图片,这和"快速自动接片"得到的效果是一样的。在对齐和混合这两步操作过程中,始终要保持图层的全选状态,否则是无法执行的。

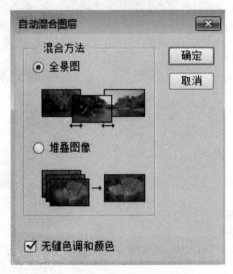

图 488　自动混合图层全景图

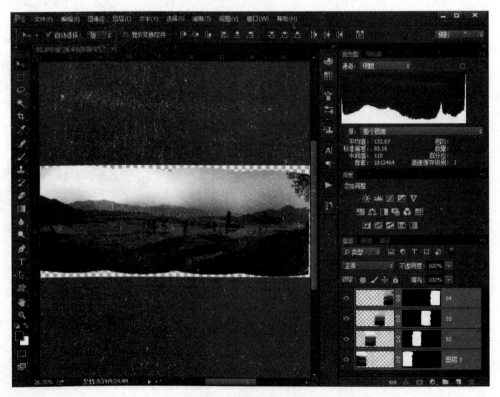

图 489　自动混合图层效果

## 四、用 Raw 数据格式接片

这是 Ps CC 软件新版本 Camera Raw9.1 增加的强大功能。在之前的版本中，接片只能是 JPG 格式照片，如果拍摄时用的是 Raw 数据格式，需要先调整转换再进行拼接，拼接完成后才能对整张全景图做后期处理，这样的方式对图像的画质有一定的损失。

在 Camera Raw9.1 新版本中，可以直接将数张 Raw 数据格式照片拼接成一张 Raw 数据格式全景照片，就像单反相机直接拍出来的一样，对它的调整可以达到无损的状态。

将需要拼接的原图全部选中导入 Ps 软件，为了更方便找到所需照片，建议使用 Br 软件浏览选择，全选双击，"确定"即可进入 Camera Raw 滤镜。可以看到 Camera Raw 滤镜页面左侧这 10 张 Raw 数据格式照片。

图 490　Br 软件浏览

图 491　数张照片在 Camera Raw 滤镜中打开

在 Camera Raw 滤镜页面左上角"Filmstrip"(幻灯片)处打开下拉菜单,点击全选,再次打开这个菜单,点击"合并到全景图",也可以使用快捷方式"Ctrl＋A""Ctrl＋M"进入拼合程序。

图 492　打开下拉菜单　　　　　　　　　图 493　选择全部

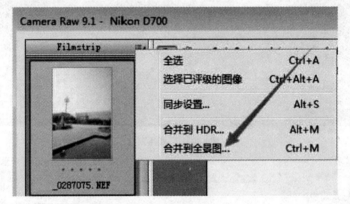

图 494　合并成全景图

　　Raw 数据格式体量是比较大的,拼接时间相对要长,如果一次拼接 10 张照片,可能需要几分钟时间,电脑配置不高会很吃力。拼接过程中不要操作电脑,耐心等待,拼接完成后会生成合并预览图。如果勾选"自动裁剪",系统会将照片边缘部分裁切整齐,投影选项建议选择"球面"更类似于镜头效果,最后点击"合并",系统提示保存一张后缀名.DNG 的数据格式接片,同时在左侧幻灯栏最底部会有这张拼合照片的显示。

　　DNG 格式是一种数码相机原始数据的通用存档格式,和佳能 CR2 尼康、NEF 是一样性质的,解决了不同型号相机的原始数据文件之间缺乏开放式标准的问题,目前有很多软件制造商开始使用这种格式。

图 495　合并预览图

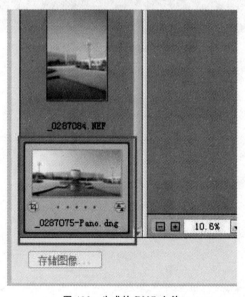

图 496　生成的 DNG 文件

得到这样一张数据格式的全景接片，调整的宽容度将会大大增加。有关在 Camera Raw 滤镜中调整照片的方法将在后面章节讲述。

图 497　Raw 数据格式接片效果

# 进阶技术调整

JINJIE JISHU TIAOZHENG

# 神奇的ACR，让你调整照片如虎添翼

ACR是Adobe公司出品的一款处理Raw数据格式照片的专业软件，是Adobe Camera Raw的缩写，中文意思就是"原数据底片暗房"。Ps CC新版本中，Camera Raw出现在了菜单栏滤镜中，当安装完Ps软件，Camera Raw就已经安装完毕了，无需单独安装。

Camera Raw对照片的调整功能强大，具有很多优势。首先可以解开Raw数据格式的文件，并转换为TIFF或JPG等通用可预览编辑格式；可以对照片的曝光、色调等基本属性进行全面调整，比较直观；还可以将照片转换为16位通道文件，保留完整的原始照片宽容度，软件优秀的算法能得到更宽泛的细节反映，经过无损调图获得高质量的照片。

## 一、如何将照片在ACR中打开

1. 在Ps滤镜中打开。照片如果已经在Ps界面中打开，点击菜单栏【滤镜】→【Camera Raw滤镜】，当前层的照片将进入ACR界面，在Camera Raw中调整完毕后，点击界面右下角"确定"可以返回Ps界面。

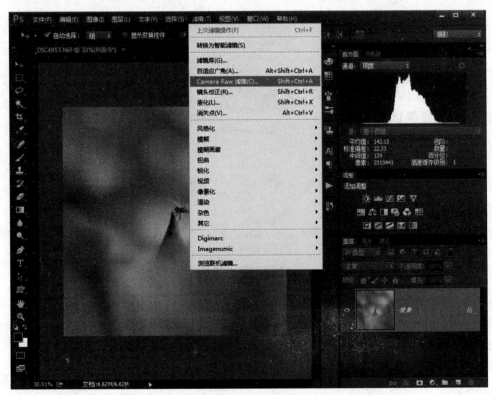

图498　Ps滤镜打开

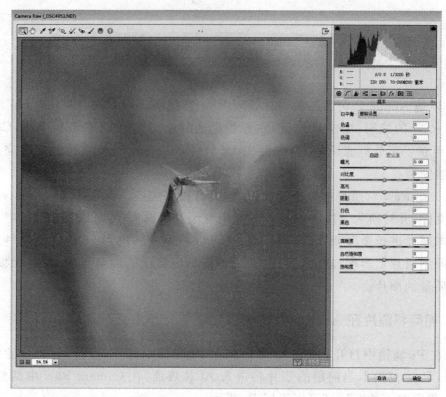

图 499　打开界面

2. 直接在 ACR 中打开照片。在使用 Ps 软件之前的准备工作中讲述过,Ps 界面里,利用 Camera Raw 首选项的设置,在菜单栏里点击【编辑】找到最后一栏【首选项】→【Camera Raw】,将"JPEG 和 TIFF 处理"设置为自动打开所有受支持,点击"确定"完成设置。

先打开 Ps 软件,然后打开需要调整的照片,这时照片会自动进入 ACR 界面。如果在 Camera Raw 中调整完毕,需要进入 Ps 界面继续调整,点击右下方"打开图像"即可。

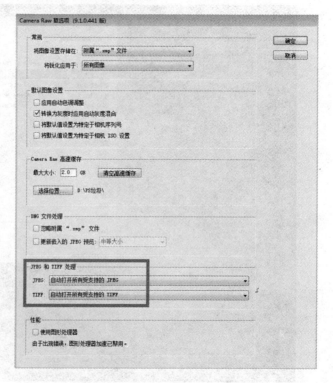

图 500　首选项设置

图 501　打开界面

如果照片是 Raw 数据格式,与此项设置无关,照片直接会默认在 ACR 界面打开。可以看到两种方式进入 ACR 界面,显示与功能略有不同,建议使用方式 2。

3. 批量打开照片。如果一次性将多张照片在 ACR 中打开,只要在打开照片时,同时选中数张照片即可。

Raw 数据格式照片可以选中多张拖动到 Ps 软件中,会直接进入 ACR 界面,并在幻灯栏里显示所有照片。JPEG 或 TIFF 格式照片需要先进行方式 2 的设置。

ACR 中多张照片调整完成后需要进入 Ps 界面,先点 "Filmstrip" 后面下拉菜单 "全选",再点击界面右下角的打开图像,否则只有蓝色选框的图像会被打开进入 Ps 界面,其余照片只记录调整效果,不会被打开显示。

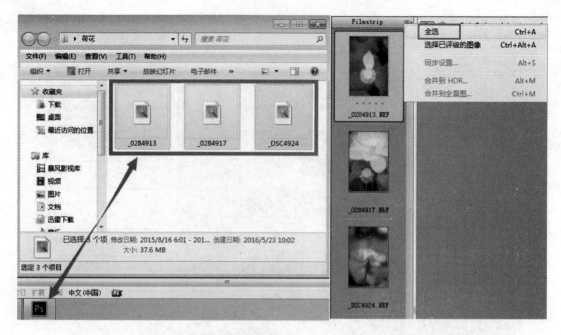

图 502　多张照片打开　　　　　图 503　打开界面

4. 智能对象进入 ACR。这是在 Ps 界面和 ACR 界面来回切换的一种方法，在 Camera Raw 没有成为滤镜工具之前的版本被使用得较多。

先将一张 Raw 数据格式照片打开进入 ACR 界面，在界面底部蓝色字样点击打开"工作流程选项"设置对话框，勾选最底部"在 Photoshop 中打开为智能对象"，点击"确定"，这时点击 ACR 界面右下角"打开图像"，图像在 Ps 中将显示为带标识的智能图层，双击标识又可以切回到 ACR 界面。在 Ps 界面调整照片，需要复制图层并栅格化。

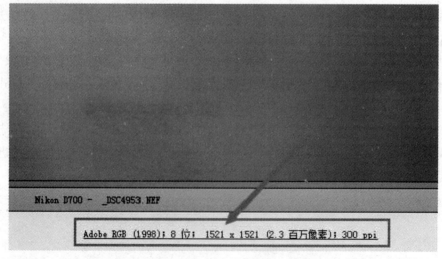

图 504　进入工作流程

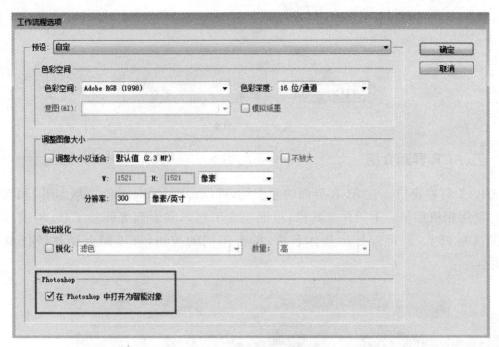

图 505　工作流程选项

图 506　打开图像

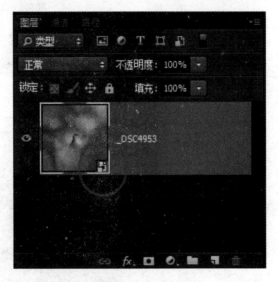

图 507　智能图层标识

　　如果一张 Raw 数据格式照片打开进入 ACR 界面，按住"Shift"键，可以看到右下角的"打开图像"转换成了"打开对象"，不要松开"Shift"键，点击"打开对象"，这样也可以智能图层的方式进入 Ps 界面，就不需要设置了。点击智能图层标识可以切换进入 ACR 界面。

图 508　打开对象

## 二、ACR 界面介绍

1. 工具栏窗口。在 ACR 界面的左上侧，可以看到 Camera Raw 版本号，和当前照片使用相机型号。下面是工具栏，里面包含了色彩和影调等调整工具，将鼠标移至工具标识上，就可以显示具体名称，单击不同的按钮，可以配合调整滑杆编辑照片。

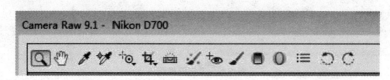

图 509　工具栏窗口

2. 照片工作区。中间最大的区域就是显示当前照片的工作区，所有的调整动作效果都可以在这里看到。右上角有切换屏幕显示模式，可以全屏显示，也可以缩略显示。

图 510　屏显切换

3. 照片幻灯栏。幻灯栏在整个界面的左侧，只有当同时打开两张或以上照片时，才会显示出"Filmstrip"幻灯栏，照片按纵向排列。点击其中一张照片，出现蓝色选框，表示这张照片进入编辑调整状态，其余照片不被调整。也可以按住 Ctrl 键再点击照片,同时选中多张或全选照片进入编辑状态,编辑调整时动作会加载到每一张选中的照片上,形成批量处理效果;再次单击其中一张照片,即为退出多选编辑状态,回到单张编辑调整。

4. 直方图窗口。可以查看当前图像彩色直方图效果,伴随调整动作实时显示变化。左右两个上角各有一个黑色▲,是用来预警曝光或色彩溢出的,图像曝光正常时,三角形显示为黑色;当图像暗部或亮部达到极限将要失去细节时,三角形会变成白色;当三角形变为彩色,说明图像中的这种颜色有溢出现象。在调整照片过程中,一直要观察直方图,保证三角形处于黑色状态。

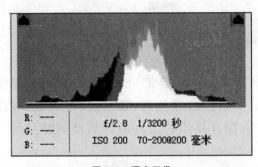

图 512　曝光正常

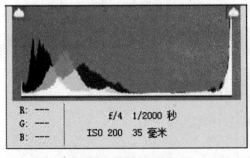

图 513　暗部高光警告

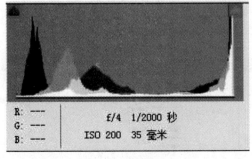

图 514　颜色溢出

图 511　图片幻灯显示

5. 选项卡按钮。不同按钮是不同的选项组，单击按钮可以打开相应选项卡，并可以相互切换，图像大部分的设置都可以在选项卡中完成。在"基本"选项下拉菜单，会用到"图像设置，Camera Raw 默认值，上一个转换"三个命令。具体使用方法后面会讲述。

图 515　选项卡栏　　　　　　　　　　　　图 516　基本选项菜单

6. 调整窗口。这是对照片进行调整的一个主要窗口，它将图像调整细化到每一部分，每一个滑杆的调整针对性极强。包括色温色调、曝光度、饱和度、对比度等选项，既可对照片进行整体调整，也可以配合具体的工具进行局部调整。每个选项卡下也会有不同的调整内容。

在"白平衡"下拉菜单选项，有着和单反相机一模一样的白平衡设置，点击其中的选项，和相机输出效果相同。这项只针对 Raw 格式显示，其余格式只有自动和自定项显示。

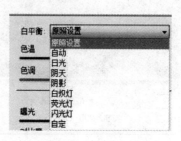

图 517　基本调整窗口　　　　　　　　　　图 518　白平衡选项菜单

7. 确认窗口。ACR 界面右下角，"打开对象"是在 Camera Raw 中调整完成后进入 Ps 界面；"取消"是取消当前调整编辑效果，并关闭 ACR 界面；"完成"是确认调整，并记录保存当前编辑效果，然后关闭 ACR 界面。

图 519　确认按钮

8. 视图切换。这是在 Camera Raw9.1 版本中才有的选项，是在一个窗口里显示原图和效果图的对比，每按一次红箭头处按钮，就以不同的方式显示对比，循环切换。

图 520　对比切换按钮

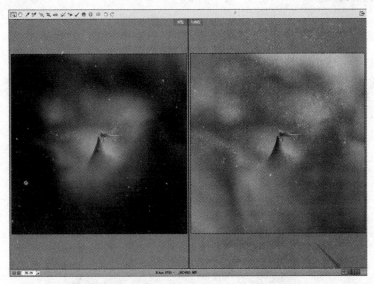

图 521　并排显示对比

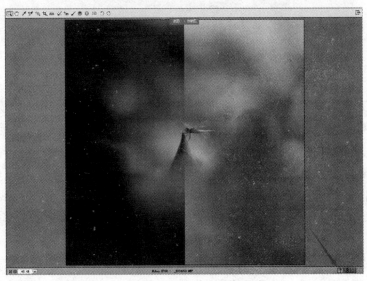

图 522　分左右显示对比

### 三、ACR 工具的使用

1. 缩放工具。这个放大镜标识的功能和 Ps 工具栏中的缩放工具使用方法基本一样，点击"缩放工具"鼠标变成放大镜，默认是放大，按住 Alt 键，配合使用鼠标滚轮，就能对视图进行缩放；在界面左下角有显示比例按钮，点击"－、＋"号也可以调整视图大小，点开▼可以直接选择不同的比例来显示图片；快捷键"Ctrl"和加减号配合使用也能够缩放视图；双击缩放工具标识是 100％显示图片，双击抓手工具标识是视图满工作窗口显示图片。

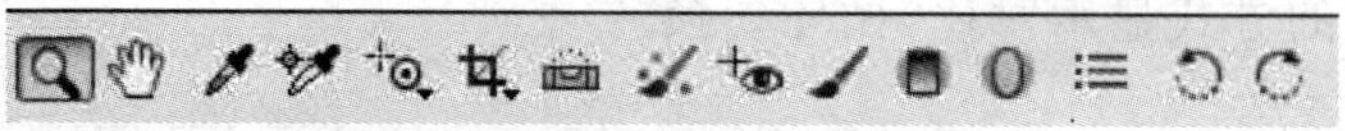

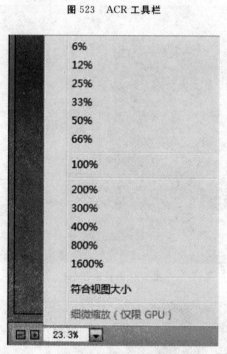

图 523　ACR 工具栏

图 524　显示比例按钮

2. 抓手工具。它的第一个作用和 Ps 工具栏中的抓手是一样的，就是在视图放大超出工作区时，用来移动视图进行观察的；第二个作用是在运用其他工具编辑完成后，需要退出编辑状态，点击抓手工具即可退出正常显示视图不受干扰。

3. 白平衡工具。使用方法基本和 Ps 图像调整色阶命令中的灰色吸管一样，点击图像中属于灰白色的部分，就可以校准白平衡。由于 Raw 数据格式照片拍摄时保留了原始信息，因此拍摄过程中即便白平衡设置不正确，也可以通过后期调整还原正确颜色。

使用白平衡工具后，图像色彩没有达到最佳效果时，可以通过"色温、色调"滑杆手动调整画面色彩。"色温"滑块向左移动可以增加色温补偿低色温，画面偏蓝，反之偏红;"色调"是调节图像中绿色和洋红色的比例,纠正色偏。

4. 颜色取样工具。可以在图像上移动读取该点的颜色(RGB)数值,点击还可创建采样点,此工具在调整照片中用处不多,仅为颜色参考使用。

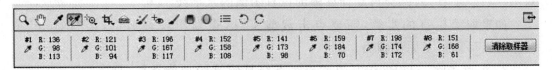

图 525　颜色取样对话框

5. 目标调整工具。选中后,在图像上按住鼠标左键不松开,可以左右或上下拖动来改变调整效果,这种调整非常不精确,也无法控制效果,使用率比较低。

6. 裁剪工具。和 Ps 工具栏中的裁剪工具使用方法基本一样,用鼠标拖出裁剪框,可以任意改变长宽,可以旋转裁切;鼠标右键单击图像,有固定裁剪比例可以选择,直接拖动鼠标,软件可以自动判断是横向裁剪还是纵向裁剪。双击裁剪框,或点击抓手工具,或按回车键"Enter"都可以完成裁剪动作。

如果完成裁剪后觉得不满意,需要重做,可以点击裁剪工具,先前的裁剪框再次出现,重新调整后按步骤完成裁剪;如果取消裁剪框,按"Delete"或"Esc"键都可以。

ACR 中的裁剪,并没有把原图裁掉的部分删除,只是一种隐藏,只要源文件不被删除或替代,图像始终是完整存在的,且调整过程可逆,这一点后面还会讲到。

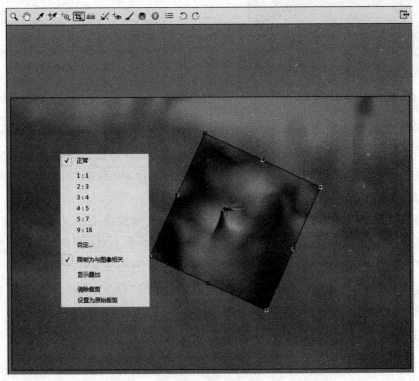

图 526　裁剪工具使用

7. 拉直工具。它和 Ps 裁剪工具属性栏【拉直】选项用法一样，也是用来校正画面倾斜的照片。点击"拉直"工具，在画面中单击鼠标拖出一条直线，让它和水平线或其他关键参考线对齐，双击图像，这时画面会生成裁剪框自动校正过来，如果直接双击"拉直"工具，软件会自动计算辅助拉直图像的水平线。

如果取消拉直的步骤，需要点击裁剪工具，重新出现裁剪框，按"Delete"或"Esc"键，可以恢复原始画面。

8. 污点去除。和 Ps 仿制图章或污点修复画笔的功能类似，点击"污点去除"，鼠标变成蓝色蚁形线圆圈，在右侧选项栏出现三个调整滑杆，"大小"是画笔直径，就是圆圈的大小；"羽化"是过渡区域的范围，就是内部黑色圈到外面蓝色蚁形线圈之间的距离，建议数值不要小于 50；"不透明度"是去污点的力度，数值越大去除力度越大，建议数值设为 100。"类型"选择修复比较合适。

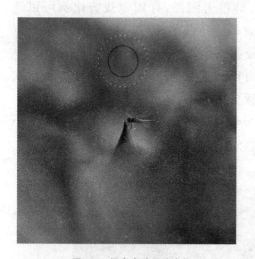
图 527　污点去除画笔直径

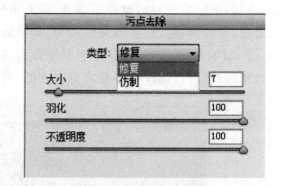
图 528　污点去除调整

将圆圈调整至适当大小，在要去除的物体处点击，此时蓝色蚁形线圈变成红色，同时连接一个绿色圆圈。红色圈代表需要去除的目标，绿色代表软件根据具体的纹理光影效果，推荐用这里的图像去和目标图片处融合，生成新的图片替代原目标图片；可以在图像上分区域多次使用。

鼠标放在圈内，可以任意移动红绿两个圆圈，鼠标放在圈的边缘可以缩放圆圈，用来调整目标效果。调整完毕需要退出编辑，点击抓手工具，圆圈被隐藏；如需重新编辑，可以继续点击该工具，前面步骤的圆圈又会显示出来。

需要删除某一步去污步骤，可以点击该圆圈，按"Delete"键。如果需要删除全部编辑点，可以点击右下角的"清除全部"。

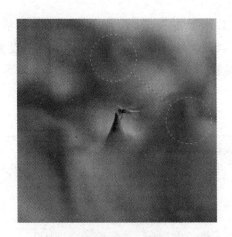
图529 调整移动蚊形圆圈1

图530 调整移动蚊形圆圈2

对于细长杆的删除，这个工具有着很大的作用。将圆圈大小调整合适，在杆的一端点击一次，然后按住"Shift"键，在杆的另一端再点击一次，软件会自动找到临近匹配图片来融合替代，使得细长杆被去除得干干净净。图中的红色点是目标图片处，绿色点是匹配图片处，如果位置不准确，还可以用鼠标移动绿点调整匹配图片，使之达到最佳效果。

调整完毕点击抓手工具退出编辑，区域被隐藏；重新编辑继续点击该工具，出现编辑标志点，点击标志点，区域再次显示。需要删除步骤，可以点击标志点，按"Delete"键。

图531 原图

图532 使用去污工具

图533 去除效果

9. 红眼去除。使用原理和 Ps 中的红眼工具基本一样,操作上稍有区别,需要用鼠标在眼睛部位拉出一个矩形框作为选区,框的大小在"瞳孔大小"滑杆中设置,软件会自动识别红眼部位,变黑的程度可以调节"变暗"滑杆。退出编辑和重新编辑步骤和前面的工具一样。

图 534　原图

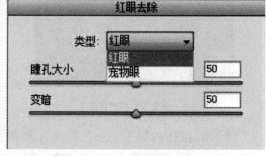
图 535　去除效果

10. 调整画笔。相当于用一只画笔,在所需要调整区域涂抹进行局部修饰,涂到的区域可以按照选项栏中滑杆调整色温、曝光、对比度、色彩等效果,未涂抹到的区域则没有变化;如果需要再次涂抹进行不同区域不同设置的操作,可以点击"新建"。点击抓手工具可以退出编辑,再次编辑调整时,显示编辑参考点,需要删除的选中编辑参考点按"Delete"键,删除所有编辑参考点直接点击右下角"清除全部"。

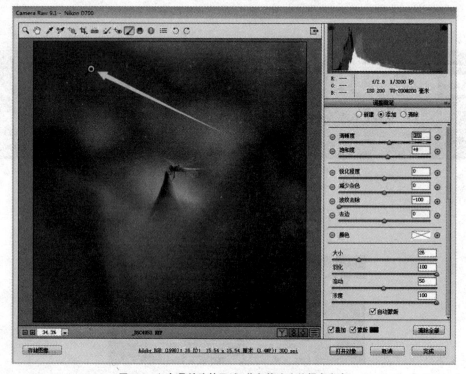
图 536　红色是被涂抹区域,黄色箭头为编辑参考点

图 537　新建按钮

在调整滑杆中,"大小"就是画笔圆圈的大小;"羽化"就是调整过渡值,建议设置大一些;"流动"就是涂抹的平滑度;"浓度"就是涂抹的力度;"锐化程度"可以对涂抹区域内进行锐化调整,正值图像变锐利,负值图像变柔和;"减少杂色、波纹去除、去边"都是用来改善图像品质的。

在中间还有一个"颜色"选项,点击后面的白框,会弹出拾色器,可以根据需要用鼠标点击需要颜色的位置,点击确定,调整画笔所涂抹的区域相当于加了这个颜色的滤镜。

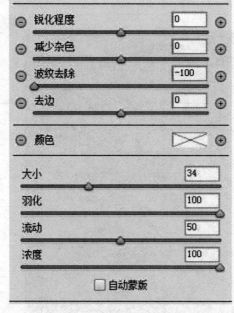

图 538　调整画笔菜单设置

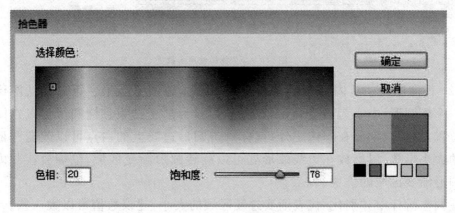

图 539　颜色拾色器框

11. 渐变滤镜。用线性渐变的方式体现调整效果,用鼠标从图像中点拉出一个渐变区域,绿色蚁形线上方 A 区域代表全部参与调整,B 区域是渐变调整过渡区域,红色蚁形线下方 C 区没有参与调整。渐变的起始和结束可以在图像的任何位置,也可以在图像之外;鼠标点击绿色或红色的圆点,就可以改变渐变区域的大小,拖动圆点可以改变渐变区域的方向,鼠标放在中间黑色蚁形线上就可以移动渐变区域的位置。

如果在拉动渐变区域时,按下"Shift"键,渐变将是垂直、水平或标准以 15°为阶梯改变,如 30°或 45°方向的。

"渐变滤镜"中的调整滑杆、重新编辑、删除以及加颜色滤镜等调整的方法和"调整画笔"中的方法都是一样的。

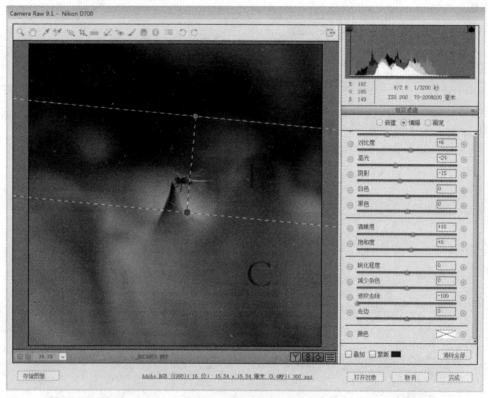

图 540　渐变滤镜使用示意

12. 径向滤镜。从内到外径向渐变的方式体现调整效果。用鼠标从图像中点拉出一个椭圆形,中心为渐变开始,到圆形边线为渐变结束。椭圆形可以在图像的任何位置,也可以部分在图像之外;鼠标点击圆形边线上的白点可以改变圆形渐变区域的大小形状,鼠标放在边线弧形处可以旋转圆形渐变区域,鼠标放在圆内可以移动圆形渐变区域的位置。

在调整滑杆中,"羽化"代表渐变过渡区域的大小,建议数值可以大一些。在"效果"中"外部"代表调整的是圆圈外的区域,以绿色蚁形线标识;"内部"代表调整的是圆圈内区域,以红色蚁形线标识,实际调整中选择内部的情况要多一些。

图 541 原图

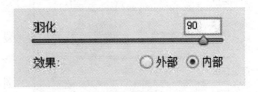

图 542 径向滤镜羽化调整

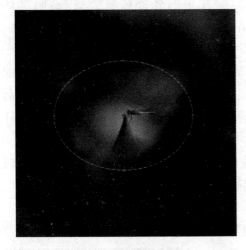

图 543 径向渐变外部

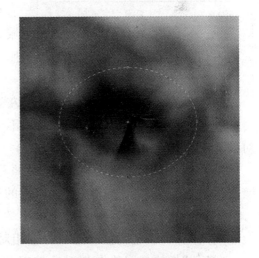

图 544 径向渐变内部

如果在拉动椭圆形时,按下"Shift"键,拉出的就是正圆。"径向滤镜"中的调整滑杆、重新编辑、删除以及加颜色滤镜等调整的方法和"调整画笔"中的方法也都是一样的。

13. 打开首选项对话框。这项工具打开的对话框和作用,与 Ps 界面【编辑】→【首选项】→【Camera Raw】是一样的。

14. 旋转图像。分逆时针与顺时针按 90°旋转图像,点击循环转动。

### 四、ACR 选项栏作用

当退出工具编辑,即鼠标点击抓手工具时,出现 ACR 选项栏。

1. 基本选项。这是照片最开始的一个整体范围调整,包括白平衡、曝光、对比

图 545　ACR 基本选项栏

度、饱和度等调整。

"曝光"是照片整体曝光值的变化。和相机的曝光原理一样，向左负值相当于压暗照片，向右是提亮照片，可以有±5 档的可调范围。每张照片可以调整多少取决于照片本身的素质，宽容度大的好相机拍摄的照片，可以在±3 档保证画质，如果普通入门级单反，建议在±1 档左右调整。超过照片本身宽容度的调整，会严重损失画面细节，出现噪点、色彩断裂、像素化等现象，很难彻底纠正。在前期拍摄时就要观察相机直方图，保证曝光在一定范围内的准确，这样后期才会有调整的余地。

"对比度"是一张照片中明暗程度，滑块向右移动时，照片中的亮部区域会更亮，暗部区域会更暗，出现比较强烈的明暗反差。反之，照片会发灰，失去应有的层次感。

"高光"指的是照片中最亮的部分，滑块向左会将照片中非常亮的区域的亮度降下来，而不会影响除此之外的其他区域，它的调整只针对照片中亮的部分。

"暗部"和高光正好相反，指的是照片中最暗的部分，滑块向右会将照片中比较暗的区域提亮，不会影响其他区域，它的调整只针对照片中黑暗的部分。

"白色"指的是照片中相对比较亮的部分，移动滑块会改变这部分的明暗，而不会影响其他区域，它调整的是照片中相对亮的部分。

"黑色"指的是照片中相对比较暗的部分，移动滑块会改变这部分的明暗，而不会影响其他区域。

"清晰度"是照片整体的锐化效果，滑块向右侧移动，提高锐化，图片变得清晰，反之变模糊。

"自然饱和度"和 Ps 软件里图像调整命令中的自然饱和度的意义和作用是一样的，调整的是照片中间调不太饱和的部分，不影响已经饱和的色彩区域，调整较为自然，数值可以稍大。

"饱和度"是对照片整体饱和度的调整，滑块向右增加色彩艳丽程度，反之有褪色的感觉，建议调整幅度不宜过大。

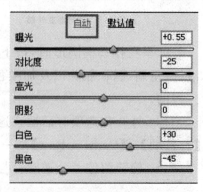

图 546　自动调整按钮

一张照片初次调整没有把握时，可以先试试"自动"，软件会自动判断调整，这种调整仅在曝光栏中进行，不涉及色彩和局部调整，对于前期拍摄相对正确，或者无特别要求的记录性照片比较适合，也可以在自动调整的基础上再做手动微调。

2. 色调曲线。用于调整特定区域内明暗以及对比度，上面的曲线和下方的四个滑杆是联动的，移动滑块调整数值时，曲线的对应部分会相应改变。

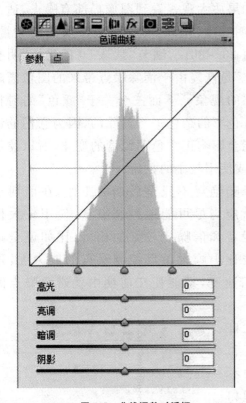
图 547　曲线调整对话框

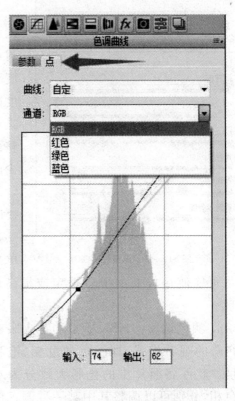
图 548　曲线点，通道调整

"参数"是高光、亮调、暗调、阴影四个区域的调整，它的意义和调整与基本选项中的是一样的；"点"像曲线工具一样，可以在需要的具体位置拉动曲线进行调整，还可以分通道对图像的颜色进行调整。

3. 细节调整。包含有锐化和减少杂色两个调整滑杆组。在此面板中调整滑杆数值时，因变化细微，建议将视图放大至100%或更大来观察调整效果的变化。

"锐化"的调整是增加照片清晰度的，比基本选项中的"清晰度"调整更为精细。其中的"数量、半径"意义与之前的基本相同，"细节"加大即锐化程度加大，同时产生噪点，所以数值不能太大；"蒙版"相当于在调整过程中改变了图片锐化的不透明度，数值越大，锐化效果越弱。

"减少杂色"用来去除照片本身的噪点，或调整过程中产生的杂色。过暗的照片在提亮时，就会产生一定数量的噪点，宽容度不高的照片在大范围变动色彩和光影

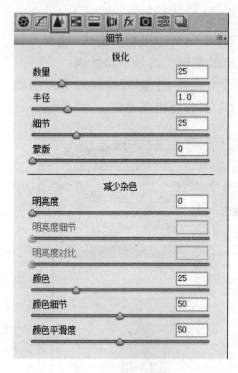

图549　细节调整对话框

效果时,会产生照片本来没有的颜色和亮度像素点。这些都是影响照片品质效果的无用因素,在后期处理时要尽可能减少或去除。如果照片本身没有这些因素,这项调整基本看不出变化。

如果放大观察看到图像局部有噪点,适当调整"明亮度"滑块,数值取决于噪点的数量,建议值20～30。"细节"默认50即可。"明亮度对比"是恢复由于消除噪点带来的图像清晰度减弱的现象。下面三个关于"颜色"的滑杆是对有色彩的杂色进行消除的,因为它们的调整可能会影响正常色彩锐度的变化,所以建议少用,或使用较小的数值。

降噪绝对不只是后期的工作,在前期拍摄时就应当尽可能地控制噪点,使用较大传感器设备和信噪比较好的相机,比如说全幅单反要比半画幅单反控制噪点的能力强,还有尽可能使用较低的 ISO 设定或提高快门速度,都能使在前期中就避免噪点的出现。

4. 颜色调整。HSL 模拟的是人眼对大自然色彩的观看模式,即颜色的色相、饱和度和明度。软件将照片中的色彩大致分为八种不同色相,分别可以调整其中某一种颜色的饱和度和明亮度,还可以在一定范围内改变色相,而且不会影响到其他颜色。这使得照片的色彩调整变得非常方便且精确有针对性。

比如树叶不够绿,可以在"色相"调整组中将黄色或绿色的滑块往右移动,绿色面积就会增加;需要改变人像肤色的明亮程度,可以在"明亮度"调整组中将橙色滑块往右移动提亮肤色。

图550　颜色调整对话框

图 551　原图　　　　　　　图 552　色相改变　　　　　　图 553　效果

 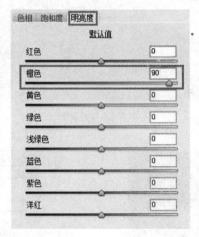 

图 554　原图　　　　　　　图 555　明度改变　　　　　　图 556　效果

　　在这个选项中还有一个"转换为灰度"勾选框，可以使图像由彩色变成只有明暗的灰度图像。这是制作黑白照片中比较高级的方法，容易获得良好的细节和照片品质。在 ACR 中调整黑白照片，不但可以直接利用原有色彩的明暗，通过滑杆调整变成黑白图像中深浅的变化，还适用于全部工具和选项栏中的调整，后期制作无损且方便精确，基本保留了制作过程中的全部细节，黑白效果层次分明，过渡自然。

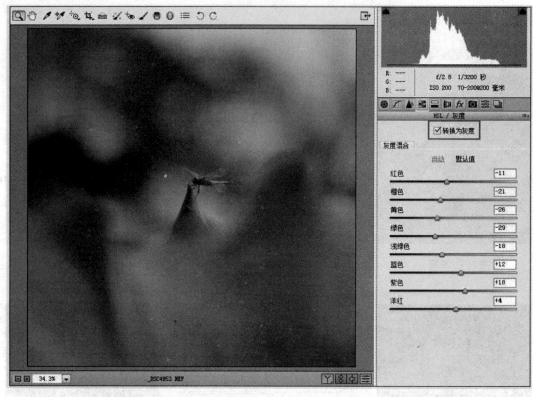

图 557 转为灰度

图 558 调整效果

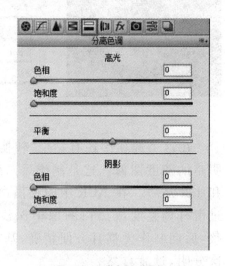

图 559 分离色调对话框

5. 分离色调。选项卡中高光和阴影各有两个调整滑杆组。"色相"相当于添加的颜色滤镜,整个滑杆类似色相条。需要加什么颜色的滤镜,就将滑块移动到相应位置处。"饱和度"就是所添加颜色的浓度。如果是在高光的调整组里,改变的就是图像中亮部区域的颜色和饱和度,如果是在阴影里调整,改变的就是图像中暗部区域的颜色和饱和度；当饱和度滑杆为零时，色相滑杆的调整是不起作用的。"平衡"是控制明暗两部分的侧重点，调节照片整体色彩比例关系。

这种调整在冷暖对比中运用得较多，比如将属于暗部区域荷叶的色相滑块移到蓝色色相处，亮部花瓣区域色相移到橘红色处，分别增加一定的饱和度，就可以得到很明显的效果。

图 560　原图

图 561　分离色调调整

6. 镜头校正。拍摄过程中，会受到光线、角度、拍摄参数以及镜头本身的影响，使得照片产生一些不可避免的瑕疵，如出现紫边和镜头畸变，这些或多或少都会影响视觉效果。这个选项卡可以在一定程度上消除这些缺陷。

(1)镜头校正选项卡中又分三种不同的校正工具。"配置文件校正"是纠正不同焦距镜头边缘变形的，有"扭曲度、晕影"两个滑杆，扭曲度调整镜头边缘变形量，晕影调节镜头暗角效果。这是 Camera Raw 新版本中增加的选项，调整照片使用得比较少。

(2)"颜色"选项主要用来消除高反差产生的紫边现象。紫边是在拍摄中高反差

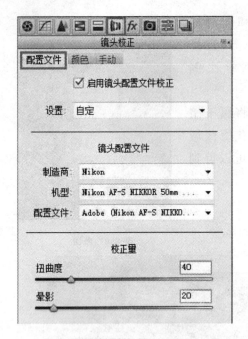

部分边缘的高亮部分形成的洋红色斑,在相机屏幕上放大很多倍才能看到。以前的镜头设计有镀膜也会造成紫色的边,光波通过物体边缘会产生衍射现象,白光的复色光经过衍射,图片会产生彩色,无论生成什么颜色的色块,都被称为紫边。

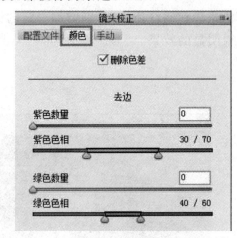

图 562　镜头校正对话框

图 563　颜色调整对话框

一般大光圈长焦镜头容易产生紫边现象,好的镜头会带有多片低色散镜片来减弱这种现象;如果是普通镜头在这种光线强烈对比环境中拍摄,应该收缩光圈,增加遮光罩,会有一定的改善效果。

在后期制作时,如果调整较大量的对比度和锐度,也会促使紫边的产生。无论是前期拍摄形成还是后期调整出现的紫边都应尽量消除。

下面这张照片不放大观察,紫边不易察觉。当视图放至 200% 时,可以看到边缘有一圈绿色的斑块,运用这里的颜色工具进行调整,效果明显。

图 564　原图

图 565　紫边现象

勾选"删除色差",如果出现的紫边是洋红色,就调整紫色数量滑杆;如果出现的紫边是蓝绿色,就调整绿色数量滑杆;如果两项都有,可以同时调整。"色相"是决定需要将哪种色相、多大范围色彩边缘进行调整。两个三角形滑块可以分别移动来确定中间参与消除颜色色相的范围。一开始可以范围窄一点,效果不明显再扩大范围,以免把需要的颜色也消除掉了。"数量"是被调整紫边的宽度像素值,数值3~10,从小数值开始,不要把紫边范围外的颜色包含进去。

图 566　调整消除

图 567　消除后效果

（3）手动功能主要用来调整和修正镜头畸变和角度变形的照片。一键"Upright"（校直）功能中有五个按钮。第一个表示无动作,维持原状。第二个表示软件自动识别处理。第三个表示以横向水平为校正基准来修正照片。第四个表示以纵向为基准来修正照片。第五个表示综合考虑横向和纵向基准来修正照片。如果感觉校准不是想要的效果,点击第一个按钮就可以恢复。这个功能也是新版本中才加入的,对于修正各类歪斜照片操作简单,效果明显。

下面是一张由于视角缘故造成的图像变形,如果需要校正到横平竖直,只需要点击第五个按钮一步就能完成,非常方便。

图 568　手动功能对话框

图569 原图有变形

图570 一键校直效果

"变换"用来调节修正照片各类变形,移动相应滑块,就可以观察到图像的变化。可以独立使用,也可以综合使用。

"镜头晕影"是镜头暗角效果,调节"数量、中点"两个滑杆,可以改变暗角的深浅和范围。

勾选"显示网格",可以出现水平和垂直网格线,作为参考线观察校准是否到位。

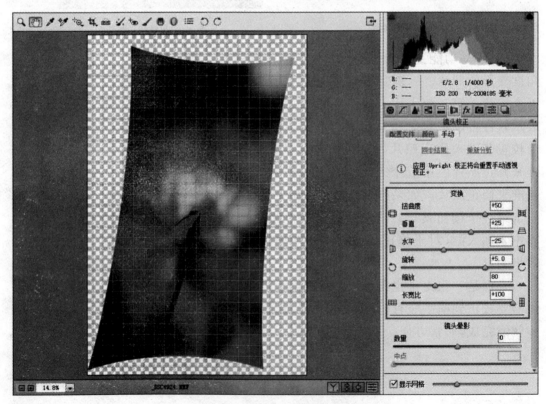
图571 变换调节图片对话框

7. 效果(fx)。

(1) Dehaze 加减雾化效果。由于空气中有雾霾,拍出来照片非常晦暗。后期处理这种灰蒙蒙的效果需要多种工具、多项步骤,后期操作不熟练很难达到预期效果。

这是 Camera Raw9.1 版本刚刚增加的一项新功能,可以说是革命性的,更为通常的说法叫"一键去灰霾",用来增加照片清晰度和通透度,使用效果好,滑杆调整极为方便。

下面这张照片在雨天雾气拍摄,远处的山景和云层细节已经看不到了,通过"数量"滑杆向右侧移动,就可以使背景的细节逐渐显现。

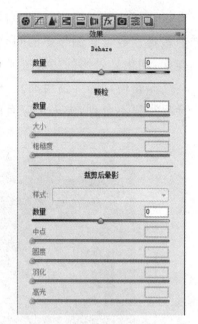

图 572　效果调整对话框

图 573　原图

图 574　去雾效果

如果滑杆反过来移动,则会柔化背景,出现烟雨朦胧的感觉。

图 575　加雾化效果

"颗粒"滑杆组是给图像加入细小颗粒,提高照片质感效果。

(2)"裁剪后晕影"就是暗角效果,效果是随着剪裁一起相应变动的,不会把暗角剪裁掉。数量控制晕影的明暗程度;中点控制晕影范围大小;圆度就是晕影的形状变化;羽化是晕影的边缘过渡效果;高光是高光部分的亮度。

暗角使用需要适可而止,微微增加一些可以提升照片观赏效果,如果力度过大会显得很不合理,失去了应有的作用。

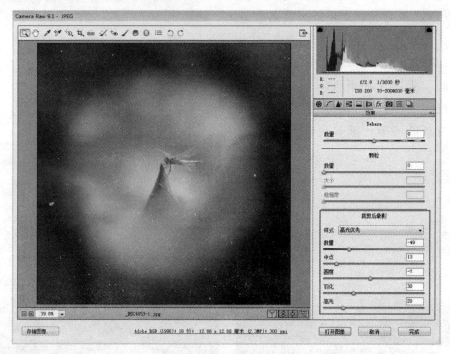

图576 晕影暗角效果

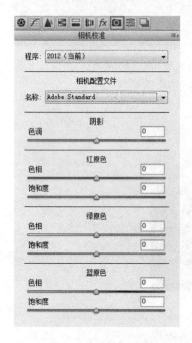

8. 相机校准。当相机拍摄出现了色偏现象,可以在"相机配置文件"下拉菜单中选择相应的配置文件,也可以手动调整滑杆对照标准色卡进行修正,保存设置以便统一纠正某台相机的色偏问题。

9. 在每个选项栏的右侧都会有一个三角形按钮,点击可以出现下拉菜单。曾经调整过的照片,如果再次打开时呈现的是上一次在ACR调整的效果,想恢复到最原始的数据格式,点击"图像设置"或"默认值"即可;裁剪过的照片,点击裁剪工具按钮,出现裁剪框后可以重新裁剪,或者恢复原图。

图577 相机校准对话框

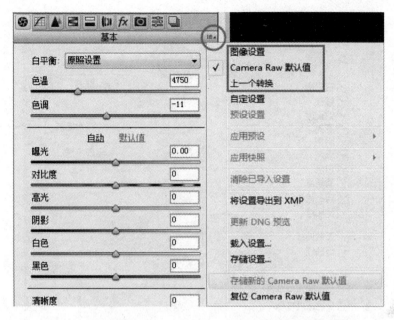

图 578　基本选项按钮　　　　图 579　基本选项下拉菜单

"上一个转换"是将前一张照片的调整效果直接运用到后面的照片上,这样可以节省调整时间,快速批量调整相同影调、色调类型的照片。

例如在 ACR 中同时打开两张菜品照片,先点击上一张照片进行调整。调整好的效果想要作用于下一张类似场景照片,点击调整好的照片,按住 Ctrl 键,再点击需要同样调整的目标照片,数量不限,只要在 ACR 中已经打开的照片都可以;然后点击"Filmstrip"后面的三角下拉菜单,选择"同步设置"。弹出同步对话框后,在"子集"中选择全部,或者点击"选定所有项目",等于勾选了全部 ACR 中的调整项,当然也可以根据需要自行勾选所要调整的栏目,点击"确定"就可完成目前照片的调整。

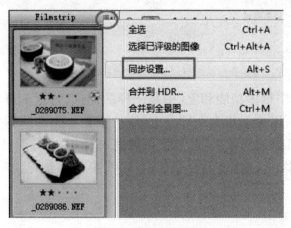

图 580　同步设置菜单

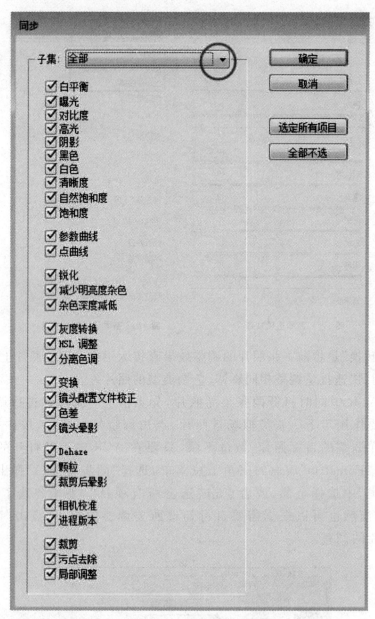

图 581 同步选项

可以看到 ACR 中很多功能和 Ps 中是一样的,有的还更为详细。通过 ACR 工具调整和选项设置可以使用很大一部分 Ps 中的调整功能。ACR 使用得好,对一张照片的基本调整都可以达到效果,甚至不用再进入 Ps 中进行调整。

如果需要对照片进行抠图、混合图层、自由变换等调整,这些只有 Ps 界面中才能实现。

## 如何批量制作、转换和保存照片

单反相机拍摄的 Raw 数据格式照片，不仅体积大，而且非常不利于分享。想将照片很快传给别人或者在网络上发表，是一件繁琐的事情。利用 ACR 的工具，可以快速实现批量制作、压缩、转换并保存照片。

首先在 Br 软件中，用星号标记的方式把需要的照片选出来，全部选中后在 Ps 中打开，由于均为 Raw 数据格式，直接会进入 ACR 界面。

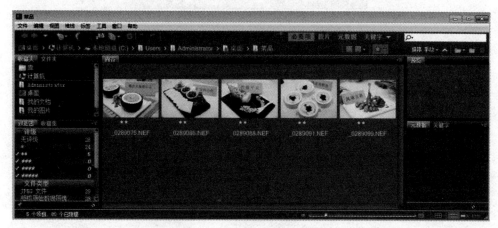

图 582　Br 软件中使用星号标记

可以看到在 ACR 界面的幻灯栏中全部导入的照片。如果照片需要调整，可以用工具或在选项栏中进行，也可以二者同时应用。前期拍摄基本准确不需要大幅度修正的照片，可以全选后点击"自动"。

图 583　ACR 界面打开　　　图 584　自动预调整

调整完成后,保持照片全选状态,如果没有全选,可以在幻灯栏的下拉菜单里点击"全选",或者使用快捷键"Ctrl+A"进行全选,然后点击界面左下角"存储图像",弹出存储选项对话框。

图 585　存储图像按钮

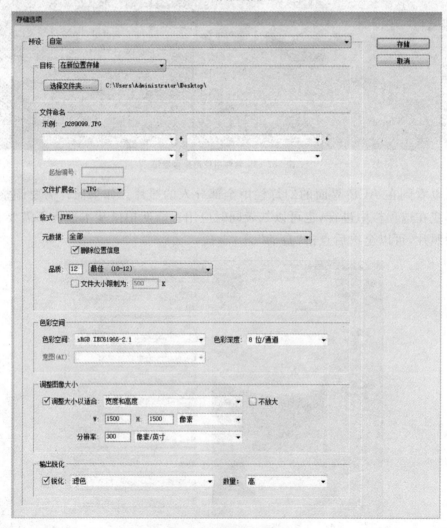

图 586　存储图像对话框

对话框里有六组选项：

1. 选择目标存储的位置。处理好的照片需要放在哪里，点击"选择文件夹"，这时系统会弹出选择文件的对话框，建议新建一个空文件夹，更改文件夹名称以便寻找。如果不再改变目标存储的位置，以后都会自动存放在这个文件夹中。系统默认是存放在 C 盘桌面上的。

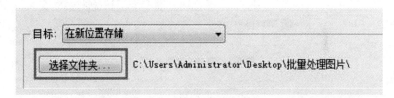

图 587　存储位置选择栏

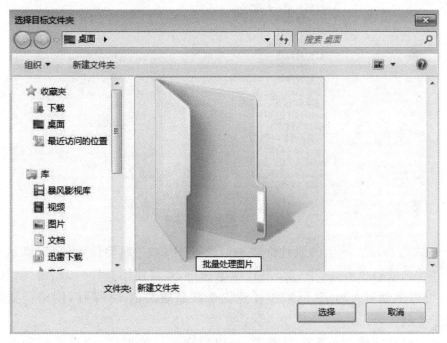

图 588　存储位置对话框

2. 存储文件名。照片处理完成，为了方便记忆，或者和原照片有所区别，在存储时可以用数字或日期等方式重命名文件。软件提供了最多四种组合方式，点击每一个填写框后的▼都可以选择相应项，文件扩展名选择.JPG 即可。如果选择框空白，即按原文件名存储。

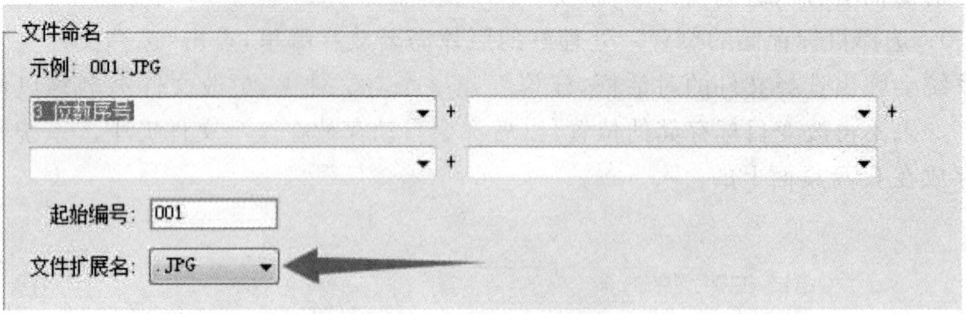

图 589　存储文件命名栏

图 590　文件命名选择菜单

3. 格式与品质。输出的照片格式一般选择 JPEG,"删除位置信息"默认就可以了。"品质"选项栏里有高、中、低、最佳四个选择,建议使用高(8~9)、最佳(10~12)两档,也可以手动填入数字,摄影照片建议最高品质数值 12 保存,网络传播照片数值不低于 8 就可以了。

如果对照片文件大小有限制要求,可以勾选下面的框,手动填入限制的最高数字。填写 500,表示所有输出的照片均不会超过 500K 的数据量。

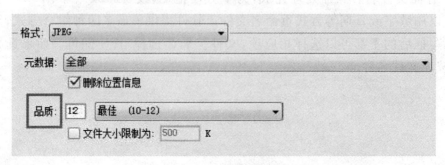

图 591　存储文件品质栏

图 592　存储文件品质选项

4. 色彩空间。输出色彩空间建议使用 sRGB，这是所有设备或浏览器通用色彩识别空间，位深度选择 8 位/通道。

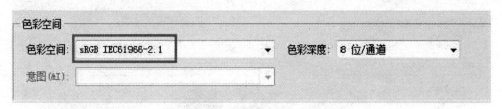

图 593　文件输出色彩空间选择

5. 输出图像大小。这个选项相当于缩放图片的大小，一般定义长边就可以了。至于宽度，软件会等比例缩放。以像素为单位，填入长边最大值，图片将全部以这个尺寸缩放，规格统一。分辨率 300 像素/英寸不要变更。

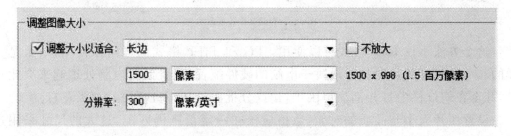

图 594　文件输出尺寸调整

6. 输出锐化。如果需要输出打印，勾选锐化，选择"滤色"，数量"高"。如果没有需求，可以不勾选该项。

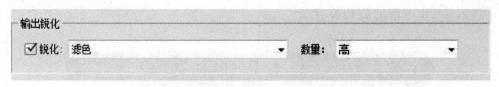

图 595　文件输出锐化调整

以上设置完成后，点击对话框右上角"存储"，软件将按以上设置数据对所有照片进行处理，并存储在指定文件夹当中，倒计数显示完成情况，消失表示全部完成。存储结束后点击界面右下角"取消"或"完成"，关闭 ACR 界面。

图 596　存储进度

图 597　存储结束按钮

打开存储的文件夹，可以看到这五张菜品照片，查看相应数据，都是符合要求的。

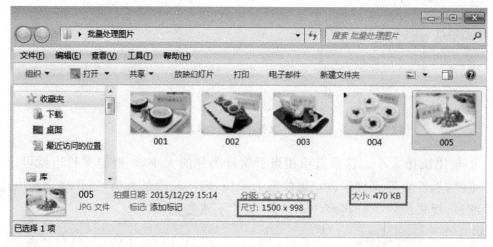

图 598　存储文件各项显示

这个方法不仅 Raw 格式可以使用，JPG 和 TIFF 格式同样可以使用，效果是一样的。一次打开照片的数量取决于电脑的硬件配置，配置低的电脑处理起来会比较慢，甚至在幻灯栏中打开都显得困难，建议分批次处理，每次处理 10 张左右。

设置照片大小与品质的时候，数值应该在一定范围内匹配，过大的尺寸采用过低的品质，照片处理出来效果会很差。当严重不匹配时，软件会自动提升品质，以保证最低显示清晰度。过小的图像尺寸，也无法生成数据量很高的照片。

所有参与处理的照片仅在 ACR 中做调整，无法进入 Ps 软件中制作。如果照片还需要在 Ps 中进行调整制作，应该在 Ps 中全部调整修饰完成后先大格式保存，再统一进入 ACR 进行缩放转换存储。

## 懂得光与色的原理，明白通道与色相环

在 Ps 界面中调整照片时，尤其是对照片颜色进行处理时，就要知道颜色转换、加减等固有原理，按照一定的原理去调整，颜色才会朝正确的方向变动，随意调整是不可能得到正确的色彩的。

## 一、RGB 颜色模式

这种模式是由主动发光体发出的色光混合得到的。比如太阳、灯光、显示器等这些都是有光源的主动发光体,色光则是由红(Red)、绿(Green)、蓝(Blue)三种单色组合而成,红、绿、蓝被称为光的三基色。

在图层通道面板中,也可以看到 RGB 是复合通道,由红、绿、蓝三个单色通道组成。也就是说,所有的颜色都是光的三基色经过不同强度、比例混合而成的。

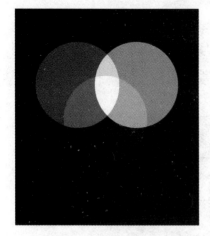

图 599　光的三基色示意图

图 600　图层面板通道

打开拾色器,每一个颜色都可用 0~255 总共 256 个亮度值来表示,可以理解为灯泡的数量,当 R 数值为 255 时,也就是只有 255 盏红色灯泡全部打开,为纯红色。一盏灯都不开,数值为零,即为黑色。如果数值在此之间,好比只打开了一部分红色灯泡,得到的会是相对浅一些的红色。G 值和 B 值同理。

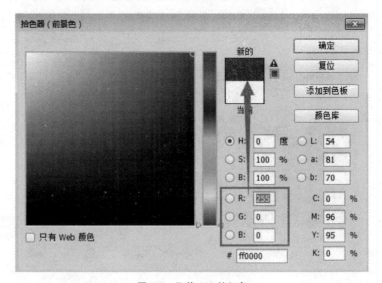

图 601　R 值 255 纯红色

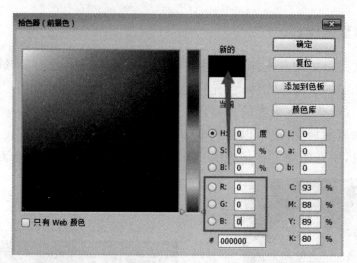

图 602　0 值为黑色

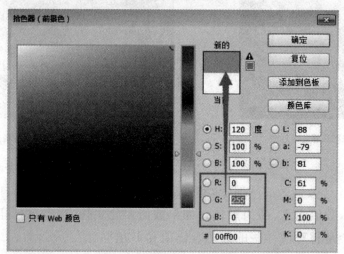

图 603　G 值 255 纯绿色

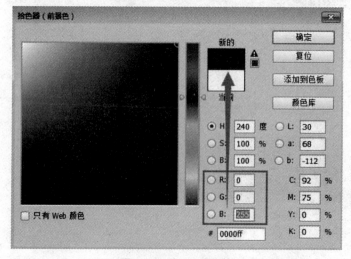

图 604　B 值 255 纯蓝色

当 R 数值为 255，G 数值也为 255 时，相当于纯红色和纯绿色两种色光叠加混合，会得到黄色色光；当 R 数值为 255，B 数值为 255 时，会得到洋红色（品红色）的色光；当 G 数值和 B 数值同为 255 时，会得到青色的色光。

当 R、G、B 数值均为 255 时，相当于打开了全部灯泡，这时就得到了白色的色光。

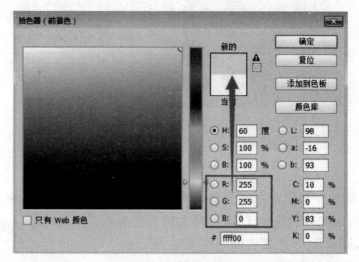

图 605　R、G 值 255 为黄色

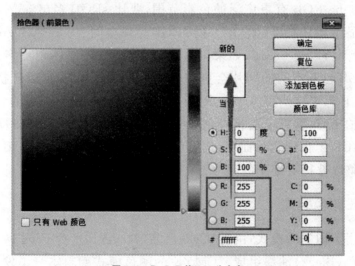

图 606　R、G、B 值 255 为白色

当 R、G、B 数值比例不一样，就可以得到不同的色彩，这些千变万化的色彩就组成了色调丰富的图片。

灰色是一种没有色相的黑白图像，亮度是唯一影响图像的因素，在拾色器的最左侧，其明显特征就是 R、G、B 数值完全一样，比如都为 128 时，为中灰色。

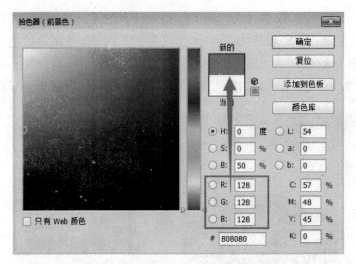

图 607  R、G、B 值 128 为灰色

  RGB 颜色空间最常用到的有两种：Adobe RGB 和 sRGB。sRGB 色彩空间是美国的惠普公司和微软公司于 1997 年共同开发的色彩空间标准（standard），市场占有率很高；Adobe RGB 色彩空间是由美国 Adobe 公司 1998 年推出的色彩空间标准，它拥有宽广的色彩空间和良好的色彩层次表现。

  理论上 Adobe RGB 有更广泛的色彩范围，要比 sRGB 多出 35%，是较好的选择。但是普通显示器只能显示约 97% 的 sRGB 色彩空间、约 76% 的 Adobe RGB 色彩空间，所以看图可以选 sRGB，如果调整或打印照片，需要体现更多的色彩细节，那么 Adobe RGB 色彩空间的照片会更有优势。Adobe RGB 可以转换成 sRGB 不受损失，但 sRGB 想要转换为 Adobe RGB 时，是无法全部转换回来的。

  建议前期拍摄时，就将单反相机色彩空间调至 Adobe RGB 档以保留比较大的色彩空间，在 ACR 工作流程界面中，也将色彩空间设置在 Adobe RGB 选项，用大的色彩空间去调整以获得更细腻的图片。

## 二、CMYK 颜色模式

  这是一种用于印刷的模式，由青（Cyan）、品（Magenta）、黄（Yellow）三种颜色油墨和一种纯黑色（Black）油墨组成。CMYK 的颜色模式颜料本身不发光，当在没有任何光线的环境中，是看不到油墨颜色的，只有通过光线照射到不同比例油墨混合出来的颜色上，由反射到人眼中的光来产生颜色。青、品、黄被称为颜料的三基色。

  等比例青色油墨和黄色油墨混合可以得到绿色油墨；黄色和品红油墨混合可以得到红色油墨；品红和青色油墨混合可以得到蓝色油墨；青、品、黄三种油墨等比例混合就可以得到黑色油墨。黑色并不是基色中的一种颜色，理论上是由纯色青、品、黄颜料混合而成的。但在实际印刷中不可能有非常纯色的颜料，也就是说，靠青、品、黄颜料混合得不到完全黑的颜色，所以为了方便实际操作，单独生产了黑色油墨。

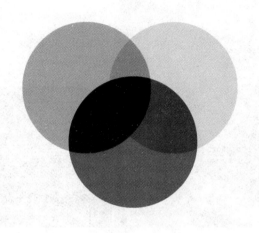

图 608　颜料三基色示意图

当白色光线照射到某种颜料上,会有一部分颜色光线被吸收,另一部分光线被反射,我们看到的颜色就是这部分被反射的光线颜色。通过上文可以知道,白色光线是由红、绿、蓝三种基本色光组成。白色光线照到红色颜料上,白色中的绿色和蓝色被吸收了,只有红色被反射出来,所以看到了红色;在没有其他光线干扰的情况下,单独蓝色光线照在红色颜料上,颜料实际只能反射蓝光,所以红色颜料看上去也是蓝色的;如果蓝色和绿色光线混合所得到的青色光照射到红色颜料上,将会被完全吸收,没有任何光线会被反射,也就是说,有光照在颜料上也是看不见红色的。这些就是光与色的转换原理。

### 三、Lab 颜色模式

这是一种独立于设备之外的颜色模式,不论是显示器还是打印机,其颜色都可以保持不变。它是理论基础上建立的颜色模型,包括了人眼可见的所有色彩的色彩模式,弥补了 RGB 与 CMYK 两种彩色模式的不足。

图层面板中可以看到 Lab 模式包括一个复合通道、三个单通道,"L"是明度通道,只表示图片的亮度,"a"通道是颜色从深绿色到洋红色,"b"通道则是颜色从蓝色到黄色。

这种模式在照片调整中有特殊作用。对明度通道进行调整时,颜色的色相饱和度是不会发生变化的,等于可以单独调整改善图片的明暗效果。对 a 和 b 颜色通道进行调整只有色彩发生变化,而不影响到图片色调。

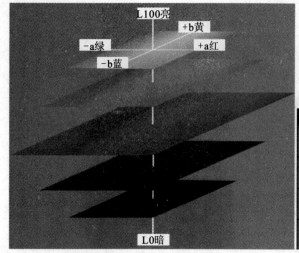

图 609 Lab 颜色模型

图 610 Lab 颜色通道

如果需要将 RGB 颜色模式的照片转为 Lab 颜色模式，在 Ps 界面中，点击菜单栏【图像】→【模式】→【Lab 颜色】，调整完成后重复步骤转回 RGB 模式即可。

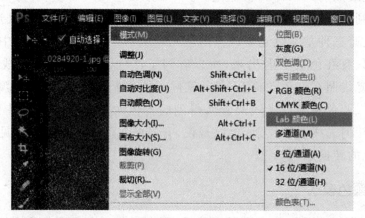

图 611 Lab 颜色菜单

图 612 照片 RGB 颜色模式

图 613 照片 Lab 颜色模式

## 四、色彩系统间的转换与色域变化

下面是一张各种颜色模式色域范围的示意图。Lab 颜色模式色域最广，可容纳的色彩信息最多，其次是 RGB 颜色模式，其中 Adobe RGB 模式比 sRGB 稍大一下，最小的就是 CMYK 颜色模式。

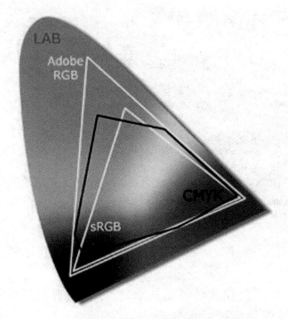

图 614　各种色彩模式示意图

在照片调整完成后，保存照片时需要做一步转换配置文件，将颜色模式转到 sRGB 下来存储，这样用其他浏览器观看时会基本准确。如果不进行转换，就用 Adobe RGB 模式进行存储，等于用窄色域的方式去显示广色域的图像，看起来色彩会暗淡。但在广色域向窄色域转变时，会有颜色损失，所以在调整照片时，不宜频繁在各种色域范围不同的颜色模式之间进行转换。

在实际调整照片中，G255 绿色能够显示，但输出打印时是不可能达到这种鲜艳明亮程度的，在拾色器中会有警告提示，该色为溢色，实际能打印出来的颜色如图 616 所示。其他的艳丽颜色也都如此。

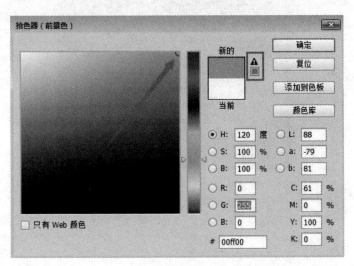

图 615　RGB 颜色模式下的绿色

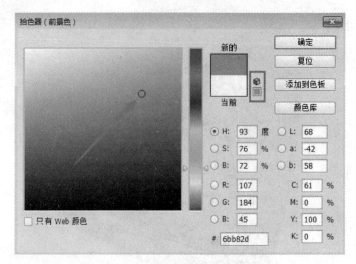

图 616　CMYK 颜色模式下的绿色

这是因为 CMYK 颜色模式色域比较窄，所以会出现在照片打印输出时，颜色不如电脑显示屏上那么鲜艳亮丽的现象。

想做到调整好的照片与输出打印效果尽量接近，可以在【视图】→【校样设置】，勾选"工作中的 CMYK"，这时实际的编辑当中使用的是 Lab 或 RGB，可以进行各种曲线色阶等色彩调整，显示的状态是 CMYK 样式，是输出打印照片的颜色模式，这样输出就基本是显示屏上看到的色彩。还有输出设备也有区别，尽量选用色彩还原度高的打印机。

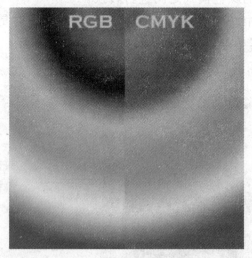

图 617　RGB 和 CMYK 颜色模式区别

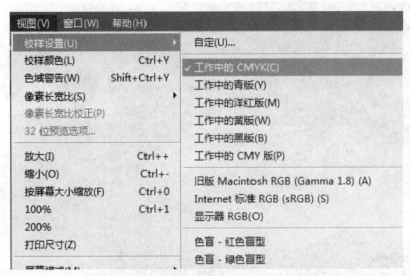

图 618　调整视图颜色模式为 CMYK

### 五、通道的理解

一张照片被建立或者打开以后是自动创建颜色通道的。例如打开一个色彩模式为 RGB 的照片，就会在通道面板上产生四个通道，一个复合通道，即红、绿、蓝三色合成的通道，在屏幕上看见的就是这个合成通道，还有红、绿、蓝三个单色通道。

图 619　复合通道显示

单色通道用黑白的灰度图来表示颜色的分布，越黑的区域颜色分布越少，颜色就越暗，即色调值越小；相反，越白的地方颜色分布得就越多，颜色越亮，类似于 0～255 分布关系。

图 620　红色通道

图 621　绿色通道

图 622　蓝色通道

可以看到在红色通道中,霞光部分最亮,也就是这里包含的红色信息最多;绿色通道中,山坡部分最亮,也就是这里包含的绿色信息最多;蓝色通道中,天空云层部分最亮,也就是这里包含的蓝色信息最多;太阳的部分三个通道都很亮,按照色彩原理可以知道这里接近于白色。

如果在红色通道中,用画笔使用白色前景色去涂抹,就意味着在照片中增加红色信息,画黑色就是减去红色信息,太阳部分呈现青绿色,其他颜色通道也是同样原理。

图 623　颜色在单通道中表示

图 624　颜色在复合通道中表示

## 六、色相环(条)

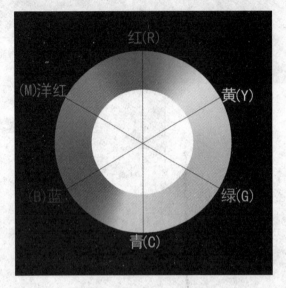

图 625　色相环

图 626　色相条

色相环就是一个由主要色相组成的 360°环状色带。最上面红色为 0°，下面的青色为 180°，顺时针变化到 360°又回到红色。从 0°处将色相环剪开并拉直，就成为色相条。

色相环是照片色彩调整的依据，包含红、黄、蓝三基色，以及它们的补色青、品、黄。可以看到黄色是由它的相邻色红色和绿色混合得到的，黄色对面的蓝色为它的补色。调色的基本原理就是增加某种颜色，需要增加它相邻色而减少它的补色。假如需要得到黄色，就需要增加相邻的红色与绿色的成分，而减少补色蓝色的成分。需要减少某种颜色，则减少邻色而增加补色即可。

例如有蓝天的照片，调整时都会觉得原照片蓝色发灰，希望得到比较通透好看的蓝色。

图 627　原图

图 628　蓝天调整效果

首先在"色彩平衡"调整层对全图进行调整，蓝天在整个照片中基本属于中间调。根据色相环的原理，得到蓝色需要减黄色，加洋红和青色，在滑杆调整中增加青色和洋红色，减掉黄色。

　　这时觉得蓝色尚不够艳丽，可以在"可选颜色"调整层中选择蓝色，继续增加青色和洋红色，减去黄色。经过一到两步的调整，天空的蓝色会还原得非常好看。

图 629　"色彩平衡"调整蓝色

图 630　"可选颜色"调整蓝色

在照片调整中，凡是涉及颜色的调整命令，均符合色相环原理。对照片的调色其实是对三原色通道的调整，对通道的调整其实质是对颜色混合的操作。

调色的方法与每个人的习惯、审美和对照片本身的理解有着很大的关系，但都需要在大方向不变的情况下依照原理进行调色，才能避免盲目无效的操作。

## 混合模式——Ps 的精华所在

混合模式是 Ps 调整功能中一种非常强大的手法，它利用两个图层像素之间不同的计算方法，获得当前图像中的像素与底层图像中的像素混合结果，生成新的图像模式。使用混合模式可以收到许多普通调整命令难以实现的效果。

### 一、进入图层混合模式

首先图层混合模式必须在两个图层之间才能实现。单击图层混合模式的下拉组合框，弹出混合模式命令的下拉列表菜单，选择不同的混合模式命令，就可以创建不同的混合效果。

图层的混合模式用于控制上下图层的混合效果，在设置混合效果时还可以设置图层的不透明度，改变混合效果的强弱。

未混合之前的图片显示像素称为"基色"，被混合图层图片像素称为"混合色"，混合完成之后的像素称为"结果色"。

图 631　混合模式窗口按钮

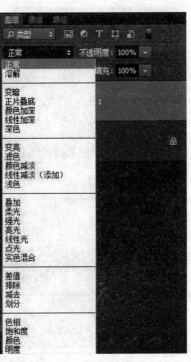

图 632　混合模式菜单

1. 变暗模式组。变暗模式组包括"变暗、正片叠底、颜色加深、线性加深、深色", 这组混合模式处理后,照片会暗于原来图层。这里最常用到的是"正片叠底"模式。

正片叠底是上图层和下图层的像素值中较暗的像素合成的图像效果,任意颜色与黑色重叠时将产生黑色,任意颜色和白色重叠时颜色则保持不变。特点是可以使当前图像中的白色完全消失,底层图像除白色以外的其他区域都会变暗。

(1)要在一幅荷花照片上加文字,用抠图的方式就太麻烦,而且还不准确。可以看到文字的背景接近于白色,可以利用正片叠底的混合模式的特点,直接将白底去除,只留下黑色文字。

图 633　原图

图 634　文字素材

首先将文字在荷花的图层上打开,大致调整好大小和位置,栅格化图层,在文字的图层上运用色阶白场吸管工具,点击白色背景处,使得背景全部变白。然后点击混合窗口菜单,点击"正片叠底",背景的白色全部消失。最后可以用移动工具,自由变换命令精确调整文字的大小和所要放置的地方。

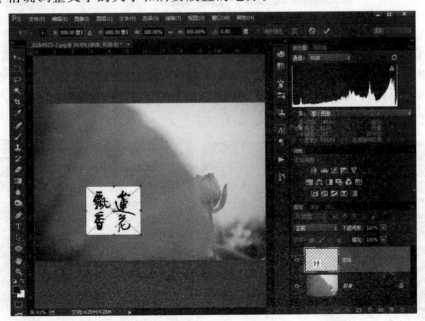
图 635　加入文字图层

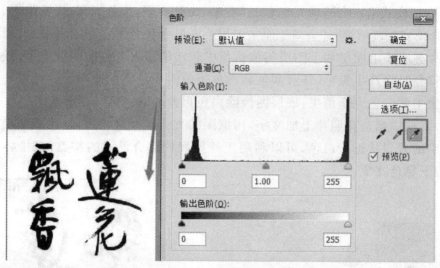

图 636　白场工具

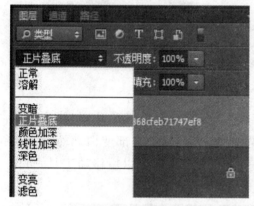

图 637　正片叠底模式

图 638　混合效果

（2）想要收到天空浓烈的色彩效果，可以在原图层上复制一个相同的图层，直接进行正片叠底的混合，天空的色调就会变得浓郁而深沉。还可以通过调整后面的"不透明度"滑杆数值来控制效果，如果觉得下部建筑物需要还原，直接加蒙版用黑色渐变或画笔工具涂抹回来即可。

图 639　原图

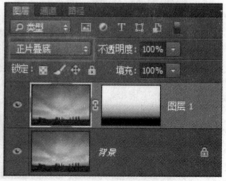

图 640　正片叠底

图 641 改变不透明度

图 642 效果

（3）天气不是很理想时，拍摄出来的照片天空可能是灰白一片，可以用正片叠底的模式更换天空背景。

图 643 原图

图 644 天空素材

原图运用色阶白场工具，点击天空处，使得天空尽量接近白色，这样在混合后会没有痕迹；加入天空素材，点击"正片叠底"混合模式，就可以非常快速地合成天空，效果完美。天空的位置可以用自由变换命令进行缩放大小的调整。

原图的天空越接近于白色效果越好，主体类似于剪影的效果能获得更好的混合体现。

图 645　白场工具

图 646　混合效果

2. 变亮模式组。变亮模式组包括"变亮、滤色、颜色减淡、线性减淡、浅色",这组混合模式处理后，照片会亮于原来图层。最常用到的是"滤色"模式，它和正片叠底模式作用正好相反，任意颜色与黑色重叠时颜色没有变化，特点是可以使当前图像中的黑色完全消失。

（1）在夜景照片中添加月亮。由于夜景照片需要较长时间曝光，所以在一张照片中同时要把月亮拍进去会有过曝或者月亮变形的可能，这时可以将夜景与月亮分开拍摄，后期叠加合成就能达到预期效果。

图 647　原图

图 648　月亮素材

把月亮素材拖动到夜景照片中去，利用移动工具和自由变换工具将月亮大小调整至合适，然后放在需要的位置上。

图 649　大小位置调整

图 650　黑场吸管

混合模式改为"滤色"，可以看到月亮素材中的黑色背景完全消失，只留下月亮本身。如果背景不是纯黑色，会留下隐约的痕迹，可以用色阶工具中的黑场吸管点击黑背景，让滤色效果更好。

图 651　滤色模式

图 652　合成效果

（2）合成烟花效果。烟花作为渲染夜空环境的元素是非常漂亮的，可以使得一张照片艺术性有很大的提升。但是在同一环境中获得完美效果异常困难，不但需要拍摄技术娴熟，而且环境和烟花要有充分的融合，运用滤色混合的方法可以快速实现。

图 653　原图

图 654　烟花素材

合成烟花和合成月亮的步骤基本一样，拖入烟花素材时，调整大小与位置，直接运用"滤色"混合模式，就可以得到想要的效果；发现烟花周围有痕迹，也可以栅格化图层后，运用色阶黑场吸管工具消除痕迹。混合后烟花的颜色略有改变，原因是红黄色和背景蓝色也进行了混合；夜空背景蓝色越是加深，烟花色彩改变的就越少。

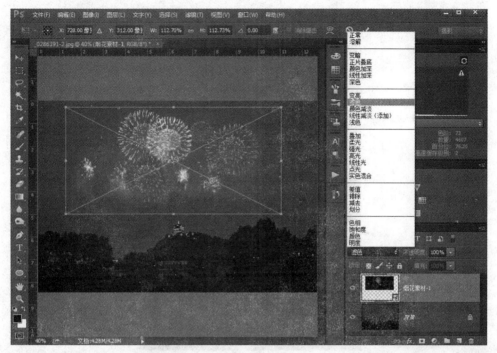

图 655　滤色混合

图 656　效果 1

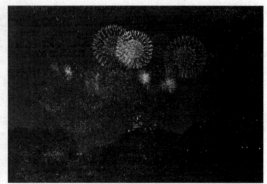

图 657　效果 2

用滤色模式还可以合成星轨、闪电等素材的夜空，效果都很好。在前期拍摄中，原照片地面的景物本身需要有一定的特点，曝光要基本准确，尤其是天空部分要有足够大的空间，能够为后期添加素材留有余地。素材的底色要接近于黑色，或者通过色阶能够调整成黑色，这样滤色的效果才能达到最佳。

（3）营造雨中朦胧效果。在雨中拍摄的照片由于测光不准确，造成照片晦暗，可以运用滤色模式来调整效果。

照片先复制一个图层，将复制好的图层在菜单栏中的【滤镜】进行高斯模糊，半径 10 像素，点击"确定"。

图 658 原图

图 659 高斯模糊

将模糊好的图层进行滤色混合,不但图片变亮了,而且还可以产生烟雨朦胧的虚幻效果。

图 660　滤色混合

图 661　效果

3. 去灰模式组。去灰模式组综合了加深和减淡模式组的特点,在进行混合时中间灰调色会完全消失,任何亮于中间灰色区域都会使图片像素加亮,而暗于中间灰色的区域都可能使底层图像变暗,得到的效果就是增加图片的对比度。通常运用最多的是"叠加、柔光、强光"三种模式。这种模式在照片锐化中用处很大。

一张发灰的照片,可以利用去灰模式,使其清晰度提高。复制图层,直接使用叠加、柔光、强光三种模式中的一种,去灰效果很明显。

图 662　原图

图 663　去灰模式

图 664　叠加效果

图 665　柔光效果

图 666　强光效果

从去灰的效果来看，叠加与强光的力度要大，柔光的力度略小。从照片后期调整的思维上来说，不要在一种方式上直接调整到位，需要留有余地进行下面的调整，所以建议用柔光效果比较好。

## 利用 Lab 效果调整照片

前面介绍过 Lab 色彩模式有一个明度通道和两个色彩通道，a 通道是从深绿到品红色变化，b 通道是从蓝色到深黄色变化。Lab 模式是将明暗和颜色数据信息分别存储在不同位置，改变图像的亮度不会影响图像的颜色，调整图像的颜色也不会破坏图像的亮度，这是 Lab 模式在调色中的最大优点。它们有效地混合在一起产生更明亮鲜艳的效果。Lab 对于发灰、对比度差、颜色单调不饱和的照片的调整会比其他色彩空间更适合。

## 一、风光照片的调整

风光摄影照片对于后期处理的依赖是比较强的，原照片往往是反差不强烈或灰蒙蒙的，这样的照片比较适合利用 Lab 效果来调整，用它来提升整张照片色彩的时候会有意想不到的效果。

首先可以对照片进行基本去灰处理。最简单的方式就是使用自动对比度命令，复制图层后点击菜单栏【图像】→【自动对比度】，还可以运用"柔光"混合图层的方式去灰。

图 667　原图　　　　　　　　　　　图 668　去灰效果

1. 色阶直接调整。完成基本去灰步骤之后，点击菜单栏【图层】→【合并可见图层】，这时的图像为 RGB 色彩空间，点击【图像】→【模式】→【Lab 颜色】，转换为 Lab 色彩空间。

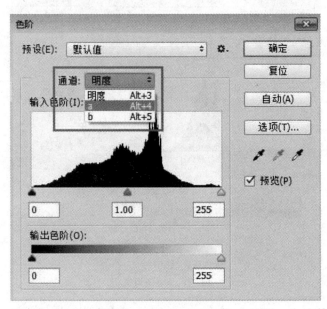

图 669　Lab 的三个通道

267

接下来就可以在 Lab 色彩空间调整照片了，复制图层，点击【图像】→【调整】→【色阶】，出现调整对话框，点击"通道"下拉菜单，可以看到 Lab 的三个通道。

先选择 a 通道调整照片中的红绿颜色，将直方图中黑白色滑块向中间移动，看照片色彩变化，调整范围不要太大，整个照片不要偏色，中间灰色三角滑块不要移动；再选择 b 通道，用同样调整手法，觉得能达到效果后点击"确定"。

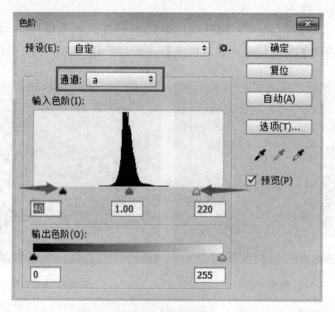

图 670  a 通道调整

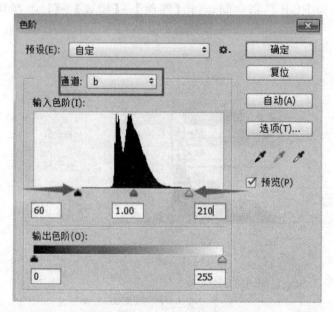

图 671  b 通道调整

观察调整后的效果，还可以通过更改"不透明度"来调节效果的强弱。也可以在

【图像】→【调整】→【曲线】中运用曲线调整来达到效果。

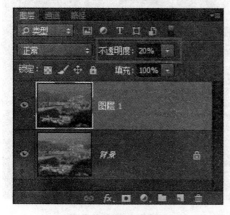

图 672　调整不透明度

图 673　调整效果

2. 通道混合调整。将照片去灰后转为 Lab 色彩空间，复制图层，打开通道面板，点击选择 a 通道，使得仅 a 通道可见，图像呈现灰色。点击菜单栏【选择】→【全部】，也可以用快捷键"Ctrl＋A"全选；然后【编辑】→【拷贝】，也可以用快捷键"Ctrl＋C"拷贝；点击选择明度通道，【编辑】→【粘贴】，也可以用快捷键"Ctrl＋V"粘贴进明度通道。点击 Lab 混合通道，使得全部通道变亮，再点击"图层"返回图层面板。混合模式为柔光，适当调整不透明度。

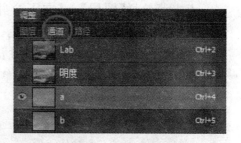

图 674　点选 a 通道

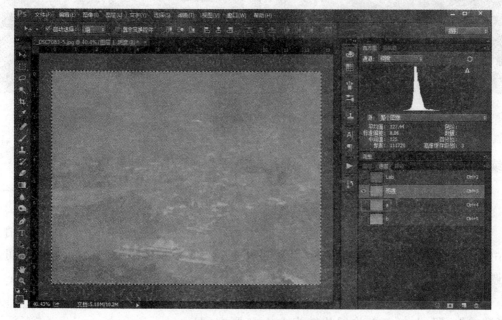

图 675　复制 a 通道到明度通道

图 676　点击返回图层

图 677　柔光混合,调整不透明度

　　点击菜单栏【图层】→【向下合并】,将两个图层合并为一个图层后再复制该图层,选择 b 通道可见,图像呈现灰色。使用快捷键"Ctrl＋A"全选,然后"Ctrl＋C"拷贝,点击选择明度通道"Ctrl＋V"进行粘贴。点击 Lab 混合通道,点击"图层"返回图层面板。混合模式为柔光,适当调整不透明度。

图 678　原图

图 679　调整后效果

　　如果需要其他调整,可以点击【图像】→【模式】→【RGB 颜色】回到 RGB 模式,继续操作。这样的调整照片色彩浓厚,清晰度高,细节完好,画面整体有立体感。

## 二、肤色红润调整

　　人像类的照片,尤其是女性总希望拍出来肤色嫩白、红润有光泽,但在实际拍摄中由于受到拍摄条件的影响,肤色不会那么完美。在后期可以使用 Lab 色彩空间进行调整改善。

　　先将照片做一些基本影调的调整,修复肌肤上明显的缺陷,点击菜单栏【图像】→【模式】→【Lab 颜色】,将照片转为 Lab 色彩空间。

复制一个图层,点击菜单栏【图像】→【应用图像】,弹出应用图像对话框,因为肤色是偏红色的,所以选择 a 通道,进行"柔光"混合,点击"确定"。

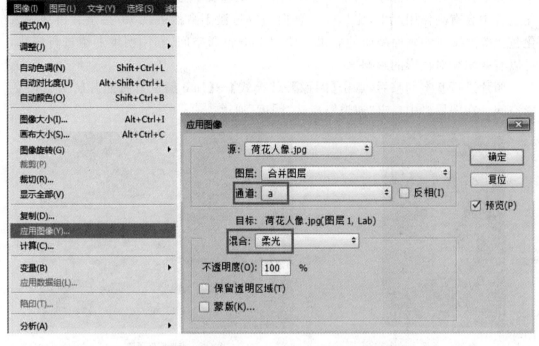

图 680　应用图像　　　　　　　　　　　　图 681　a 通道柔光混合

可以看到 a 通道所对应的绿色和红色均发生了色彩加强的改变,肤色变得红润。如果不需要背景荷叶的绿色变化,可以利用加蒙版涂抹的方式更改回来。

图 682　原图　　　　　　　　　　　　　　图 683　调整后效果

### 三、明度通道锐化调整

为了提高照片的清晰度,锐化是不可缺少的步骤。这一点前文有详细阐述。锐化过程中会有副作用产生,比如会出现白边等过渡不自然的现象,甚至有出现像素化色块等严重影响画面品质的后果。使用 Lab 色彩空间,利用明度通道进行锐化,可以有效减少对色彩的影响。

照片进行基本调整后,点击【图像】→【模式】→【Lab 颜色】,将照片转为 Lab 色彩空间。在图层栏中点击"通道",点选"明度"通道。

图 684　原图

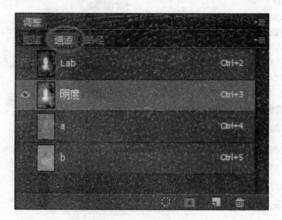

图 685　点选明度通道

选中明度通道后,点击【滤镜】→【锐化】→【USM 锐化】,调整 USM 锐化对话框中的参数,完成后点击"确定"。

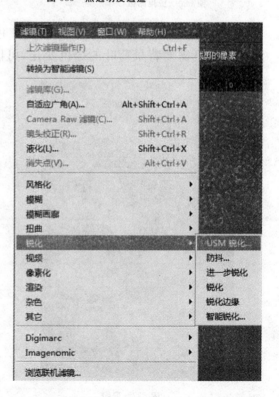

图 686　选择锐化

进阶技术调整

图 687 锐化参数

点击 Lab 混合通道,点击"图层"返回图层面板,可以看到锐化效果非常好,它只对画面的边缘线条进行锐化,没有对色彩部分产生任何影响。

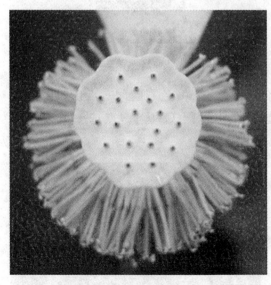

图 688 调整前

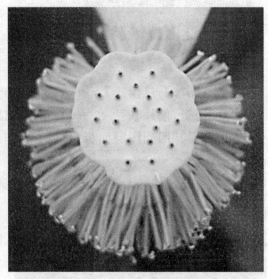

图 689 调整后

可以看到 Lab 明度通道的 USM 锐化,比 RGB 模式下的 USM 锐化效果要好,不会出现杂色斑点像素,将对画质的损伤降低到最低程度。例图里将明度通道的 USM 锐化半径设置达到了 5,都没有出现色彩上变化,但边界过渡还是有些生硬点,这时可以将图像放大显示,调节锐化图层的不透明度滑块,观察图像边界的过渡,直至合适为止。

实际调整过程中,建议半径值设置为1左右,进行2~3次的锐化。小参数多步骤的锐化,可以在提高锐化效果的同时控制锐化对图像品质带来的损害。

### 四、明度通道亮度调整

对照片进行提亮操作时,最大的缺陷是原本就比较亮的区域会变得过亮而失去细节,需要利用蒙版等工具进行恢复。如果使用Lab明度通道进行提亮,可以使暗部区域得到改善,而不会使亮部区域失去细节。

图690 原图

图691 整体提亮,天空细节缺失

点击【图像】→【模式】→【Lab颜色】,将照片转为Lab色彩空间。点击"通道"选择"明度"通道,使用快捷键"Ctrl+A"全选,然后"Ctrl+C"拷贝,点选Lab复合通道,点击"图层"回到图层面板,然后"Ctrl+V"粘贴。

图692 复制明度通道

图693 点选复合通道

这时明度通道的灰度图像被粘贴成为新的图层，把这个灰色图层的混合模式设置成"明度"，可以看到图片被提亮了，但天空的细节依然存在。

图 694　进入图层粘贴

图 695　调整后效果

## 利用 HDR 效果调整照片

HDR 指的是"高动态范围"。假如自然界场景的动态范围能够达到 10 级，人的视觉系统通过自适应机制的调整能够感知到其中 6 级，目前的数码设备和显示设备的动态范围极其有限，只能达到其中的 2 级。所以数码相机因受到动态范围的限制，不能记录极端亮或者极端暗的细节。拍摄时对着天空测光拍出来的天空云层有细节，地面就黑成一片没有任何细节，反过来对着地面测光拍出来的照片就是地面景物清晰，天空一片死白没有细节。HDR 就是要把天空和地面的细节都表现出来，特别适合风光和逆光人像等应用。经过 HDR 程序处理的照片，可以调节在大光比情况下拍摄的高光或暗位获得比普通照片更佳的层次。

在前文介绍过 HDR 在调整照片中的部分作用。如果对一张照片使用 HDR 还原部分细节，只是一定程度的对比度调节，锐化和饱和度的提升，达到均衡的照片效果，强制性地还原照片中的细节，并没有真正的色彩和影调的高宽容度。

在实际拍摄中，拍摄者可以在相同场景下进行不同曝光度的拍摄。这样欠曝的影像可以记录下高光的细节，而过曝的影像记录下阴影部分的细节，就可以解决摄影过程中由于不能准确曝光或由于相机本身限制造成的拍摄照片光影、色彩和细节损失的问题。一般使用最多的就是三张"包围曝光"的拍摄手法。后期在 ACR 中运用合成数据格式照片，这样得到的照片才能真实地保留拍摄的光影层次。

首先在单反相机上设置"包围曝光"连续拍摄三至五张同场景照片,分别是不同档位曝光值下的图像。

图 696　欠曝

图 697　正常

图 698　过曝

可以看到欠曝的照片保留了高光部分的细节,正常曝光的照片保留了中间调,过曝的照片暗部非常正常。如果将这三张照片通过 HDR 合成,能够获得比较高的动态范围,更接近于人眼的识别状态。

将"包围曝光"连续拍摄的照片在 ACR 中打开,点击左侧幻灯栏"Filmstrip"后面的选择项,先点击"全选",再点击合并到 HDR,软件自动进行合并,生成合并预览图。

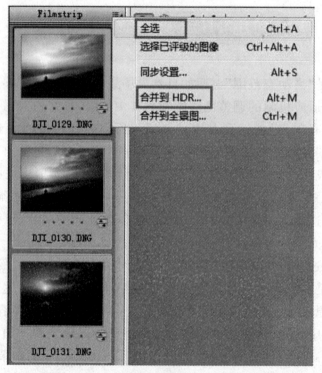
图 699　全选合并

图 700　合并预览

可以看到合并预览图中,高光、暗部均有保留的细节。点击右上角"合并",系统会弹出存储对话框,将合并后的 HDR 图像仍然以数据格式进行保存,同时幻灯栏生成第四张合成的图像。

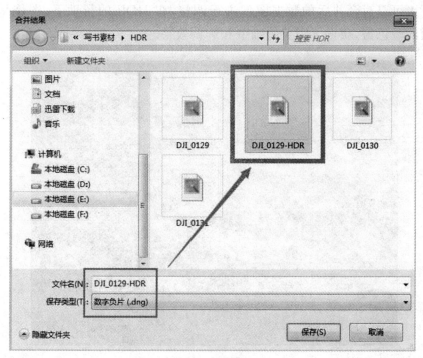

图 701　合并存储

图 702　生成新的数据图像

接下来可以对合并后的数据图像进行调整,在 HDR 的帮助下,图像呈现超出普通范围的颜色值,获得了完美的细节和影调效果。

图 703　调整完成效果

在 Ps 界面中，菜单栏内有【文件】→【自动】→【合并到 HDR Pro】，这也是将数张曝光值不同的照片进行 HDR 合成，但是这种合成是在 JPG（TIFF）格式，或是解开了数据格式基础上进行的，并不合成 DNG 数据格式。也就是说，这样的合成已经损失了部分细节，后期调整的余地和宽容度受到了限制。

图 704　合成数据格式过渡正常

图 705　解开后合成出现像素色块

## 几种抠图与合成的好方法

### 一、抠图

在一张照片里面选取有用的部分做素材，或是更换照片中不理想的背景，就需要进行抠图了。抠图方法有很多种，可以根据不同的照片和要求，选择不同的工具。

1. 荷花抠图。这是获取单一素材的抠图最常见的类型，目的是将荷花、荷叶、莲蓬等素材截取出来，后期进行创意合成。

选择一张素材完整的照片在 Ps 界面中打开，荷花外形边缘和背景有明显边界线，可以利用磁性套索工具，沿花瓣边缘移动，最后连接到起点，形成闭合的蚁形线。在套索移动过程中间，如果有某些点没有贴合在花瓣边缘，可以按"Backspace"键往后撤销不需要的点，然后重新移动。为了准确贴合，建议将视图放大仔细观察。

图 706　选区工具

形成闭合蚁形线，就得于到了荷花的选区，这个选区并不十分精确，为了保证抠图只涉及荷花，而没有碰到荷叶等其他部分，点击【选择】→【修改】→【收缩】，收缩量1～2个像素，点击"确定"。

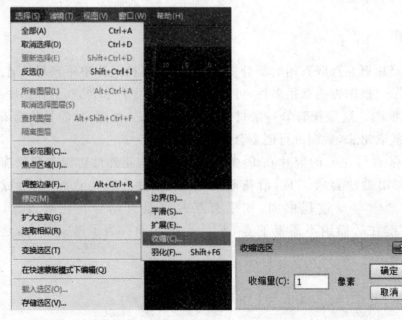

图 707　修改边缘　　　　　　　　图 708　调整收缩量

为了使抠出来的花瓣边缘不生硬，鼠标右键点击蚁形线内，在出现的下拉菜单栏里选择"羽化"，半径值 0.5~1 像素，点击"确定"。

图 709　边缘羽化

图 710　调整羽化值

使用鼠标右键点击选区，在下拉菜单栏里选择"通过拷贝的图层"，或者使用快捷键"Ctrl+J"把做好的选区拷贝成新的图层即可。关闭背景图层可视标志，观察荷花抠图是否完整。最后点击【文件】→【存储为】保存抠好的图片，保存类型选择 PNG 格式。

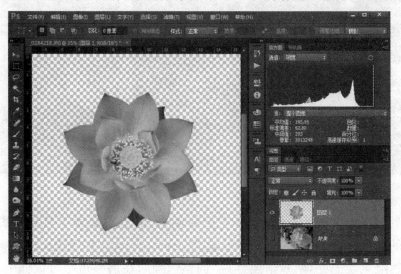

图 711　拷贝成新的图层

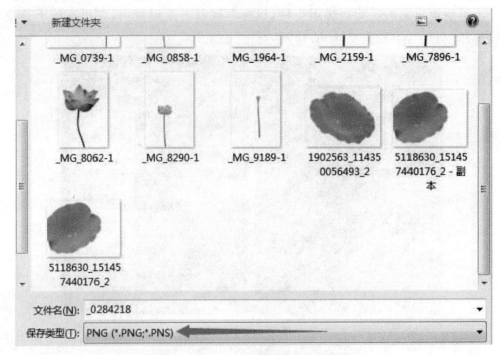

图712　PNG格式存储

2. 抠图制作证件照。下面这张人像背景相对干净，可以运用魔棒智能选区工

图713　素材　　　　　　　　　　　　图714　效果

具点击背景先选出大概的范围，由于左侧有阴影，需要用套索工具将阴影处也选进来。这时的选区是背景，为了得到人物进行"Shift＋Ctrl＋I"反选。这种抠图最主要的是解决边缘毛发的处理，点击属性栏"调整边缘"，在调整边缘对话框中，把边缘检

测半径设置为 2 像素,其余调整滑杆可根据需要进行微调,把笔尖圆圈大小设置在 30,在边缘有发丝的部位涂抹,点击"确定",这时候相当于将发丝部分也抠出来了。把选区拷贝变成新的图层,关闭背景图层可视标志,观察边缘部分抠图是否完整,如果效果不理想,那么就需要重做一次。

图 715　选区

图 716 反选

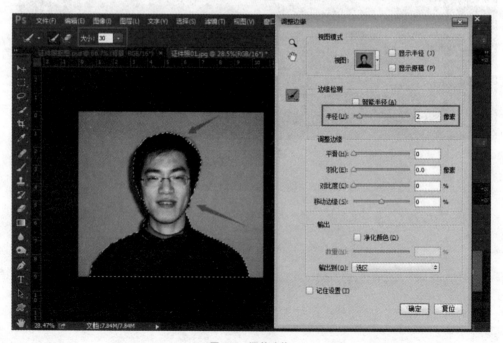

图 717 调整边缘

图 718　拷贝新图层

给人物加纯色背景，一般证件照背景底色为白色、蓝色或者红色，点击左下角快捷操作窗口"创建新的填充"，在拾色器中选择所需要的颜色，纯色填充层一定要放在人物透明背景图层的下面。适当裁剪成证件照片比例，拼合图像即可完成。

图 719　创建新的填充

图 720 添加纯色背景

如果想将照片做得再精致一点,可以在拼合之前,在蓝色纯色层下面再添加白的纯色层,并在蒙版上做上下的线性渐变。最后还可以对面部做一点磨皮调整处理。

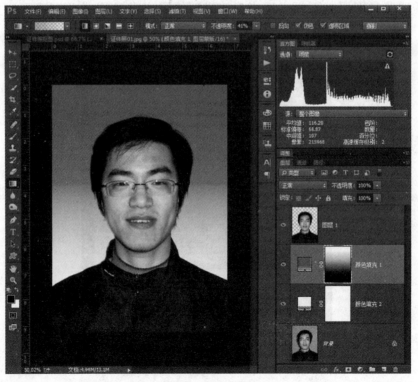

图 721 渐变背景

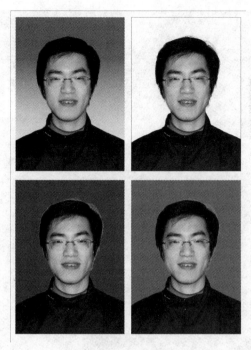

图 722　成品证件照

3. 半透明物体抠图。这类物体抠图是比较复杂的,最主要的是难以表现透明度。比如下面这个水杯,可以透过玻璃显示出背景不同的颜色。如果只抠取水杯外形,那是达不到这种效果的。

下面介绍一种利用图层蒙版抠取半透明物体的方法,可以很自然地保留半透明的部分。

图 723　水杯素材　　　　　　　　　　图 724　只抠取外形

先复制图层,执行"Ctrl+A"全选,"Ctrl+C"复制,点击快捷操作窗口添加白色蒙版。按住"Alt"键,点击白色蒙版,工作窗口显示白色蒙版进入蒙版编辑状态,再执行"Ctrl+V"把上一步复制的图层粘贴到图层蒙版中,图层蒙版出现一个灰度图层。

图 725　编辑白色蒙版

图 726　灰度图层

运用选区工具,将水杯外形选取出来,执行"Shift+Ctrl+I"反选,鼠标右键点击选区,在下拉菜单里选择"填充",为黑色,点击"确定",或者按"Alt+Delete"键,直接填充前景黑色。鼠标右键点击选区,在下拉菜单里选择"取消选择",或者按"Ctrl+D"键也可以取消选择。

图727 水杯选区

图728 反选填充黑色

这样半透明水杯的抠图就完成了。关闭下面图层可视标志,就可以看到一个半透明的水杯。如果需要消除残余隐约的色彩,可以点击前面彩色的图层,点击菜单栏【图像】→【调整】→【去色】,选择PNG格式保存抠好的图片。

可以叠加一张有纹理的底图,看看抠图的效果,非常理想。

图729 半透明成品

图730 效果

## 二、合成

合成是将各种素材有机地组织融合到一起,达到锦上添花的效果,是拍摄者艺术修养和后期操作能力的综合体现,相当于创作出新的作品。

1. 合成天空。风光摄影中最担心遇到天空没有任何层次,拍出来空白一片,照片档次大打折扣。要通过后期合成让天空拥有细节,成为合格的风光作品。

下面这张大树照片由于缺少天空的层次,显得非常平淡,笔者想将以前拍摄的天空云霞照片利用起来,做一次天空合成。

图 731 原图

图 732 天空素材

原照片和素材在色调上有一些差别,为了达到合成后统一的效果,先将原图在 ACR 中进行适当的调整,让色彩接近于天空素材,也可以对天空素材进行调整来适合原图,调整好后分别在 Ps 界面中打开。

图 733 原图调整

进阶技术调整

图 734　素材调整

在规则选区工具状态下,将天空素材文件执行"Ctrl+A"全选,"Ctrl+C"复制,点击大树图像文件进行"Ctrl+V"粘贴。由于原图与素材图片大小比例以及位置并不完全一致,所以需要对素材执行"Ctrl+T"进行缩放、旋转或移动到适合位置。

添加白色蒙版,运用渐变工具和画笔工具,调整笔尖圆圈的大小以及流量不透明度等数值,在天空素材的图像上将大树图像所需要的部分涂抹出来。

图 735　合成调整

291

可以看到合成后的效果达到了预期目标,最后可以拼合图像,或者做盖印层,可根据需要对照片整体做影调和色调的调整。

2. 更换背景。下面这两张草原照片单独看都缺乏艺术影像的力度,如果考虑将背影这张做前景素材,将牛群这张做背景素材合成在一起,会提升照片的整体感觉。

图736 前景素材

图737 背景素材

首先将两张素材照片在 ACR 中做适当的调整,使得相互之间的明暗、色调都趋于统一。然后在 Ps 界面中打开。

图738 ACR 基本调整

图 739　调整效果

对牛群背景图像做适当裁剪,去掉上面天空那部分。将背影素材文件执行"Ctrl＋A"全选,"Ctrl＋C"复制,点击牛群背景素材文件进行"Ctrl＋V"粘贴,适当调整前景图片的摆放位置。

图 740　图片叠加

接下来需要对前景图片进行抠图处理,这一步很关键。放大视图至100%,需要用套索选区工具仔细、耐心地沿图片主体边缘移动,最后形成封闭蚁形线选区。发现有不准确的地方,可以用添加或减去选区的方法完善。因抠图遇到了头发以及羊毛部分发丝类图像,点击"调整边缘"设置检测半径,在有发丝边缘涂抹,将发丝部分准确抠出来,完成后点击"确定"得到完整选区。

图741 选区抠图

进阶技术调整

图 742　发丝边缘调整

在选区状态下，点击快捷操作窗口添加蒙版，使得前景图片选区以外的部分消失，和背景图片叠加在了一起，合成工作基本完成。

图 743　添加蒙版

合成工作虽然完成,但合成后的图片会存在一些不合理的地方。前景图片的光线来自右侧,而背景图片的光线来自左侧,合在一起就不符合自然规律了。为了消除这样的不合理,可以用曲线工具将人物部分压暗,将背景牛群提亮,使得光线方向变得一致。

图 744　光线方向不合理　　　　　　　　　图 745　调整合理

3. 同场景合成。在同一场景下,拍摄对象中的人物可能不那么多,但拍摄者又想得到一张人物较多的照片,就需要拍摄多张素材进行后期合成。下面这张多人在同一场景中的照片,就是拍摄了多张合成的。

图 746　合成效果

图 747　素材照片

拍摄这样的素材,首先尽量保证场景不要有变动,能使用三脚架拍摄最好;相机的光圈、快门、焦距等数值相对固定,对焦距离远一点,景深大一点,这样后期合成相对容易。

将需要的素材先进行基本调整,保证每张照片色彩明暗差不多,然后全部打开到 Ps 界面中去,并把素材文件放置在一个文件下面。

图 748　基本调整

图 749　素材打开到一个文件中

关闭上面三个图层可视标志,先进行最下面两个图层的合成。由于拍摄位置略微有差异,所以将图层 1 的不透明度降到 50%,用移动工具将要涂抹的部分参照物对齐,然后将不透明度调到 100%。

图 750　降低不透明度

图 751　对齐图层

在图层 1 上点击快捷操作栏添加白色蒙版,用画笔工具,调整画笔大小,"不透明度"和"流量"均选择为 100%,选择前景色为黑色在红圈处涂抹,注意范围不要太大,出现需要的人物即可。

图 752　添加蒙版擦出人物 1

打开图层 2 可视标志,选择图层 2 降低不透明度,移动图像和下图层对齐位置后,不透明度调回 100%。按住"Alt"键添加黑色蒙版,用画笔工具白色前景色,将红圈处抱小孩的两个人涂抹出来。

图 753　添加蒙版擦出人物 2

打开图层 3 可视标志,重复上面的步骤,选择图层 2 对齐位置后,按住"Alt"键添加黑色蒙版,用画笔工具白色前景色,将骑车红衣人涂抹出来。

最后图层 4 也是同样操作,将骑车带小孩的人物涂抹出来,完成人物添加合成。

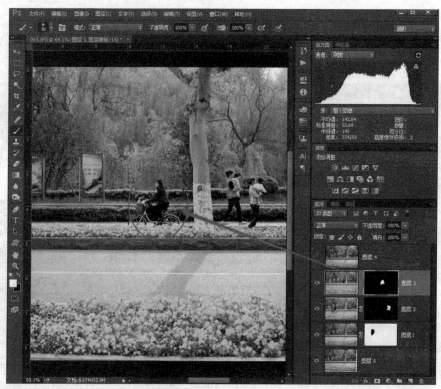

图 754　添加蒙版擦出人物 3

图 755　添加蒙版擦出人物 4

通过以上的方法，可以把需要的人物添加进去，也可以将不需要的人物擦除，获得一张符合要求的照片。拼合图像并对照片整体做影调色调的调整。

4. 荷花创意合成。在 Ps 界面点击菜单栏【文件】→【新建】，新建一张白色底稿，将荷花 PNG 格式素材拖入底稿中。素材都是透明底，可以复制、旋转、移动摆放在需要的位置。摆放时注意上下重叠关系合理，比如荷花应放在所有素材图层的最上面，否则就被荷叶遮挡了。

图 756　将素材拖入底稿

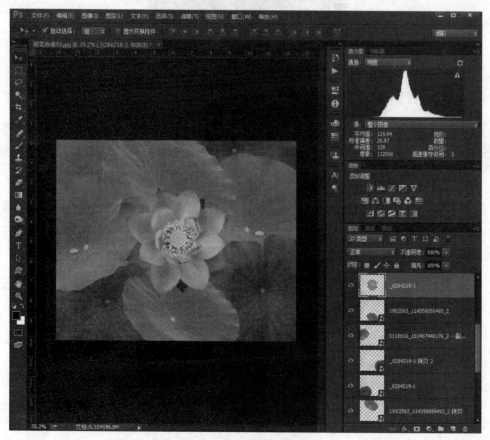

图 757　摆放素材位置

接下来可以对合成的图像做一些艺术加工,在最上面图层增加"可选颜色"调整层,针对需要改变的颜色进行调整,非常方便。

图 758　增加调整层

根据色相环原理,可以将荷叶的绿色转为青蓝色调,再将青色转为蓝色调;将荷花的红色转为粉色,或是将洋红色转为黄色。最后可以添加纹理,做整体影调调整。

图 759　转换荷叶颜色

图 760　转换荷花颜色

图761 素材效果

图762 艺术效果

还可以通过合成素材的方法,做创意水墨荷花。

图763 素材合成

图764 水墨效果

## 修复数码照片的瑕疵

直接拍摄到一张很完美的照片往往是难以做到的,每张照片都或多或少存在一些不足,出现的问题也不尽相同,都需要利用软件对照片进行优化。按照一定步骤进行调整和修复,会使得照片损失更小,效果更好。运用合理的调整顺序也可提高后期处理的效率。

### 一、修正照片歪斜、镜头造成的变形

这是调整一张照片首先要做的步骤。水平线不正的照片给人以不稳定感,不符合人们正常观看的习惯,除非歪斜对照片本身的主题思想表达有帮助。对于很明显

需要校正的可以在 ACR 中直接利用拉直工具进行调整，如果不是很明显的可以在 Ps 界面中利用裁剪工具微调。

图 765　原图　　　　　　　　　　　　　　图 766　校正效果

　　拍摄中焦段选择不正确，被拍摄物体会形成桶形或透视变形等失真的现象。镜头造成的畸变校正是有难度的，这个需要拍摄时就要控制好，后期只能做一些改善。在 ACR 中可以运用"镜头校正"的选项进行处理，如果是照片边缘部分的变形，可以在 Ps 界面中使用可控性更高的自由变换工具来调整，如果是人物体型的变形，则最好使用液化工具修复。

图 767　原图　　　　　　　　　　　　　　图 768　自由变换校正

图769 原图

图770 液化校正

## 二、裁剪照片二次构图

观察所拍照片的主体与陪体,如果有与主题无关的内容被拍摄进来,那么就需要剪裁多余的区域重新进行构图。裁剪的方法并不难,关键在于如何进行裁剪才能达到突出画面主体的目的。

下面这张照片拍摄的是夕阳下公园的逆光场景。拍摄者捕捉的画面很精彩,但所拍摄的画面场景有点大,很多无关的信息影响了观看主题,比如左侧的半个人物应该是拍摄瞬间闯入的,水中的警示牌非常影响画面的美感,还有阳光过于刺眼也不是画面所需要的。在二次构图中直接将这些多余部分裁剪掉就可以了,裁剪后画面主体就很集中。

图771 原图　　　　　　　　　图772 裁剪后

还有的照片看似很普通,但经过适当裁剪,能够将主题思想性提高很多。下面这张是居民小区常见的儿童学步画面。原图基本就是场景的记录,背景比较杂乱,没有太多摄影的艺术感。如果稍加裁剪,只保留牵绳老人的双手以及儿童学步这部分画面,就会显得主体非常突出,人生第一步的思想性得到了体现。

图773 原图　　　　　　　　　图774 裁剪后

方构图具有稳定、画面元素集中、利于表达等特点,是影友们比较喜爱的一种构图方式。以前胶片机的方构图通过构图直接获得,而现在的数码相机获得方构图只能靠裁剪。要想得到方构图效果,在拍摄时就要想好,哪里是需要的,哪里是后期要被裁剪掉的。

图775 原图

图776 裁剪成方构图

### 三、纠正照片色偏、去灰

色偏一般出现在有人工光源干扰的情况下，照片会呈现发蓝或偏红等情况，如果这种色偏并不是拍摄所需要的，建议纠正。可以在ACR中运用白平衡工具和色温色调调整来获得正确白平衡效果，也可以在Ps软件内运用色阶来纠正白平衡。

Raw格式的照片，在ACR中打开会觉得发灰，这是因为Raw数据格式保留所有灰阶，后期处理的空间很大，这并不会对照片色调造成影响。可以通过增加对比度以及清晰度，或者一些饱和度来解决照片发灰的问题。在Ps中也可以使用对比度和色阶来去灰。

图777 Raw格式原图

图778 处理后效果

还有就是天气条件不好,空气中有灰霾使得照片发灰,或是逆光拍摄,镜头抗炫光能力弱造成发灰的现象。9.1版本的ACR中Dehaze加减雾化效果可以适度改善这类情况,然后再通过增加对比度和清晰度进一步增强效果。

图779 炫光发灰

图780 Dehaze改善

### 四、整体和局部明暗分布调整

一张曝光正常的照片,不代表照片中亮部和暗部区域分布就是合理的。应该是该亮的区域是亮的,该暗的区域是暗的,过渡要十分自然。影调分布合理的照片,才能凸显照片主体,具有一定的影像感。

下面这张制窑作坊的照片,从直方图上看曝光是准确的,但整体看上去非常平淡,需要表达的主体不是很明显。可以进入ACR利用局部调整工具,将明暗的层次体现出来。

图 781 曝光正常

图 782 调整后的明暗效果

还可以通过改变影调的分布状态,让照片达到集中观看的效果,比如压暗四周,提亮中间主体部分,这些在 ACR 中都是很容易实现的。

图783 原图

图784 影调重新调整

## 五、去除污点、杂物

需要去除的污点大致包括这么几种：镜头上或者CMOS上有灰尘，在成像之后会在照片上形成黑点，尤其是在小光圈拍摄的情况下特别明显；还有就是拍摄环境中有影响画面美观的小面积杂物，如烟头、废纸屑、电线等；人像处理上肌肤上明显的缺陷，特别是面部的斑点、痘印。

在ACR中可以利用"污点去除"工具，也可以在Ps中使用"污点修复画笔"工具，只要杂点面积不大，一般去除效果都非常好。如果在去除之后，发现产生了生硬的边缘，那就需要改变画笔圆圈大小多次点击去除，或者更换工具尝试其他方法。

下面这张清晨出摊的照片，被满地的垃圾破坏了，如果想要用这张照片，只能去除地面的垃圾。

图785 原图

图786 去除杂点

### 六、局部区域缺陷修补

对于面积相对大一些的缺陷,用污点修复画笔会有较重的痕迹,尤其是会出现生硬的边缘。这时建议通过内容识别、仿制图章工具、局部复制等方式进行修补。

下面这张油菜花场景的照片,总体还是可以的,但左下角区域土地上缺乏足够的油菜花,还有一小块水面影响了整个画面,这部分的面积相对来说大了。

采用污点修复是软件自动对涂抹区域进行纹理的计算和融合替代,可能有效果,也可能不是很适合。

图787　原图　　　　　　　　　　图788　污点修复效果

仿制图章工具相当于复制一块区域,然后根据需要覆盖到目标区域,形状可以通过画笔涂抹来决定,对于油菜花这样的图片是比较适合的,缺点是纹理雷同,容易被看出来。

图789　仿制图章效果

在已有的油菜花区域做个选区,复制后填补到目标区域,复制的区域可以缩放、旋转、加蒙版消除边缘痕迹,可以用分块多区域叠加方式提高制作精度,使用方便灵活,效果较好。

图790 复制多个图层

图791 复制区域效果

内容识别效果是相对简单的方法,只要画出需要调整的区域,执行识别命令,软件自动计算填补,适合于纹理图片相对简单的非重点区域。

使用选区工具在外围画出蚁形线,大致范围即可,不需要很精确。然后在画面内单击鼠标右键,在出现的菜单里选择"填充",在弹出的填充对话框内选择"内容识别",点击"确定",软件将自动把这块区域计算填补起来。在菜单栏【编辑】→【填充】操作步骤也是一样的。

图 792  勾画选区

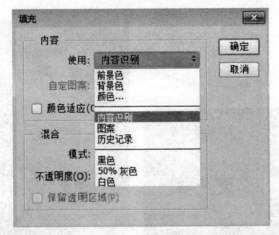

图 793  填充区域

图 794  内容识别效果

每一种修补方法都可以重复使用以达到预期效果,也可以多种方式联合使用。可以尝试每一种方法,然后选择效果最理想的进行调整。要注意的是这些调整方法都改变了原有画面的像素,在记录类照片中尽量不要使用。调整也会造成细节上的损失,最好前期拍摄能够一步成功,不要太依赖于后期处理。

### 七、降噪

数码相机拍摄中,如果环境光线不足,或选择了过高的感光度ISO值,都会使画面产生很多噪点。这是由于电子感光元件感光不充分,部分像素被突显出来形成的。在后期调整宽容度不高的图像时,也会生成噪点,这些都会影响照片的画质,需要消除或改善。

Raw数据格式图片可以在ACR中通过运用"细节"调整栏实现降噪,在Ps软件中也可以消除噪点。打开照片,放大可以看到,由于拍摄场所光线很暗,在高感光度下,画面产生很多噪点,在后期提亮过程中还出现了非常严重的杂色像素。

图795  原图

图796  放大看到噪点

点击菜单栏【滤镜】→【杂色】→【减少杂色】,弹出对话框,"强度"是减少明亮杂色像素的数量,"保留细节"是在降噪过程中恢复细节的多少,"减少杂色"是去除色块像素的数量,"锐化细节"是减少降噪给部分细节丧失带来的影响。勾选"移去JPEG不自然感",在预览窗口可以看到滑杆调整的效果,合适后点击"确定",可以看到噪点和杂色基本上消失了。

进阶技术调整

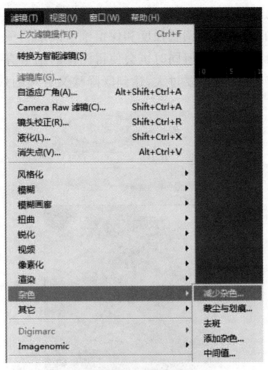

图 797　菜单命令选择

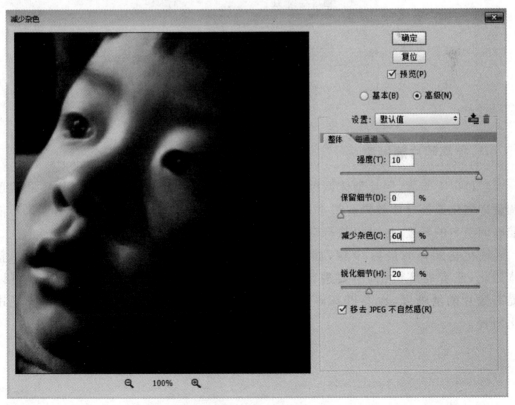

图 798　减少杂色效果

有的杂色在颜色通道里会很明显,因此可以通过"高级"选项里观察红、绿、蓝三个通道,找到最明显的一个通道调整强度和保留细节两个选项,效果会更好。

降噪可以去除噪点和杂色,但同时也会使得图像的细节有损失,在调整时,需要保留细节和锐化细节,且强度不要过大,达到既降噪又自然的效果。

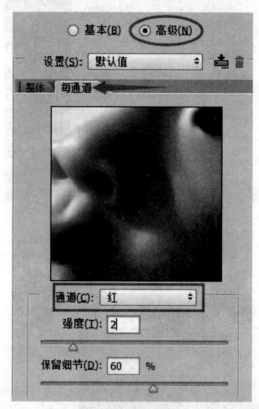

图 799　高级通道调整

### 八、提高照片清晰度

经过以上步骤,照片整体调整得就差不多了,最后可以做适当的对比度和锐度调整来强化照片总体效果。最常用增强对比度的方式就是 S 型曲线调整,如果不能准确调整 S 的弯度,也可以执行自动对比度命令。

锐化是调整的最后步骤,如果觉得照片整体锐度适合,建议只做轻微的整体锐化,或者局部锐化,不要进行强度很大的全面锐化。锐化是把双刃剑,可以提高照片的清晰度,也会破坏画质。通常使用比较多的是高反差保留和智能锐化两种。

## 给照片加边框和文字,让照片更精美

为了使照片符合打印使用要求,或者让照片看起来更有艺术味道,加边框写上文字是种不错的方式。

### 一、10英寸照片的制作

标准摄影用的纸质参赛照片一般为10×8英寸,也就是说,照片是5:4的,实际照片的长宽比有可能并不是这个比例,就需要加白色边框达到要求。

1. 点击【文件】→【新建】,先新建一张10英寸背景,宽度填写10,高度填写8,单位选英寸,分辨率填300像素/英寸,颜色模式选择8位RGB,背景内容选白色,颜色配置文件为sRGB,点击"确定",这样在Ps界面中就生成了一张标准大小的白纸底稿。

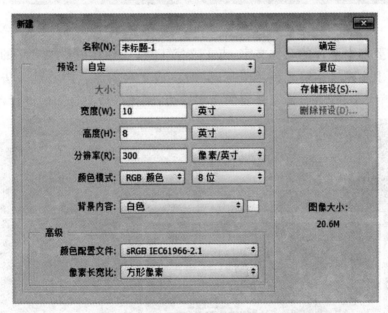

图800 新建底稿设置参数

将调整好的照片拖入白色底稿文件,调整大小和位置,鼠标双击画面确定,这样拼合图像存储,就可以得到一张带有白色外框标准10英寸的照片。

图 801 载入照片

如果需要加上照片的名称文字,点击文字工具,鼠标在需要加文字的区域点击,就会在照片上出现文字输入提示光标,同时生成文字图层。调整输入法,在属性栏内选择字体、大小和颜色,输入需要的文字即可,调整好后拼合图像进行存储。

图 802 加文字

图 803　成品效果（秦淮灯会）

2. 在 Ps 界面中打开照片，点击【图像】→【图像大小】，先在调整对话框内将照片宽度调整为 3000 像素（或者 10 英寸），高度同比例缩放，分辨率为 300，点击"确定"。点击裁剪工具，设置裁剪比例为 5∶4，背景色为白色，属性栏勾选"删除裁剪的像素"。在图像的最外沿画出裁剪框，鼠标点住任意一角放大裁剪框，使得裁剪框和图片宽度一致。然后移动裁剪框到合适的位置，双击裁剪框得到白色边框的 10 英寸照片；加文字的方式和方法 1 相同。

图 804　调整照片尺寸

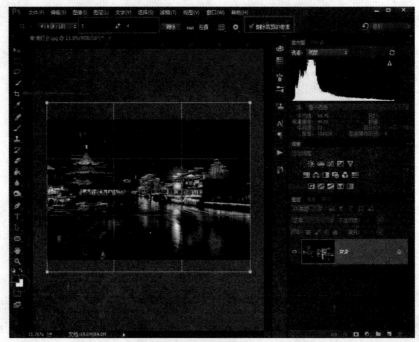

图 805 裁剪出白边

通过以上方法，只要改变设置数值，就可以获得任意所需尺寸的矩形颜色外框。文字应尽量简洁，字体可以小一些，起到说明、装饰作用即可。

## 二、加等宽的外框

1. 加有宽度的画框。打开图片，在菜单栏里点击【图像】→【画布大小】，在画布大小对话框中勾选"相对"，画布扩展颜色选择白色，填入需要的画框宽度和高度值，单位可以勾选厘米，点击"确定"。

图 806 画布大小命令

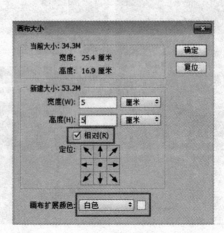
图 807 填入数值

如果长宽输入的是 5 厘米,那么图片四周形成的就是宽度为 2.5 厘米的画框,相当于把白色的底扩大了。这种方法可以在一张照片上多次使用,获得更加丰富的边框效果。

图 808　白底扩大

图 809　多次使用效果

2. 加比较细的描边框。在菜单栏点击【选择】→【全部】，或者使用快捷键"Ctrl+A"全选图片，点击【编辑】→【描边】，或鼠标右键点击图片下拉菜单中选择"描边"，在弹出的描边对话框中，填入宽度像素，建议在100之内，点击颜色框，在拾色器中选择边框颜色，位置选择"居中"，点击"确定"，即可生成一个比较窄的边框。因为这个边框向内占用了一定的画面，所以适用于较细的描边框。

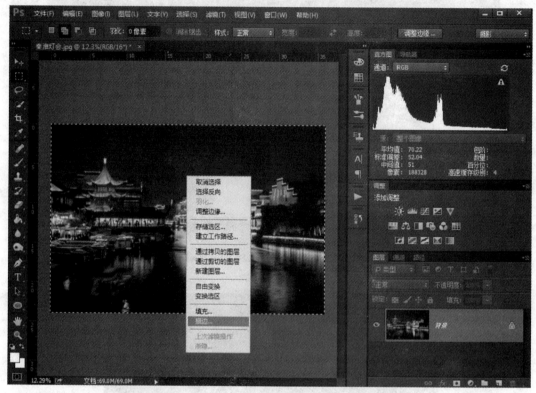

图 810　全选描边

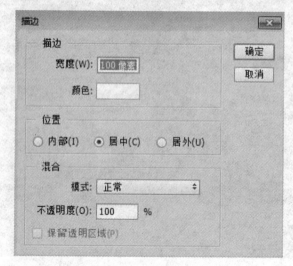

图 811　设置宽度和颜色

图 812　描边框效果

这种方法还适用于在图像内加入装饰框线。用规则选区工具在图片内按需要勾画出蚁形线，调出"描边"对话框，设置颜色和像素值，数值越大，白边越宽，然后点击"确定"，在勾画区域出现细装饰线。这种方法也可以多次使用以丰富画框效果。

图 813　规则选区

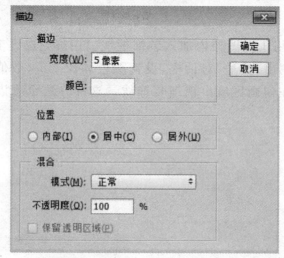

图 814　设置

图 815　细装饰线效果

图 816　两次使用效果

### 三、制作圆形效果

1. 先在 Ps 界面里新建一个白色底稿，10 英寸左右就可以了。选择椭圆形工具，按住"Shift"键，在白色底稿勾画出标准圆形，大小和位置根据需要决定。点击白色底稿图层后面的锁形标识使之消失，按"Delete"键，圆形中间出现了灰白格子的透明层，这相当于在白纸上挖出一个圆形的孔，去覆盖住需要制作的照片。

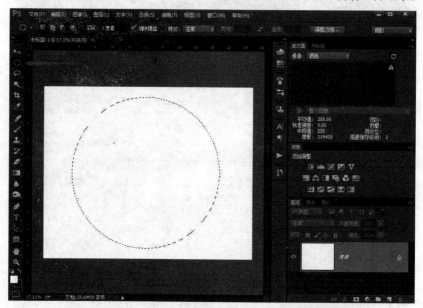

图 817　椭圆形工具

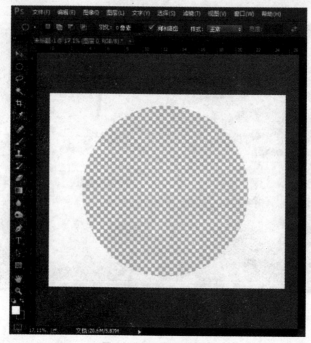

图 818　制作圆形透明层

接下来把要制作的照片拖入带有圆形透明层的白色底稿文件中,将白色底稿移动到最上面一层,使得每一张照片都在白色底稿下面。

图 819　拖入照片

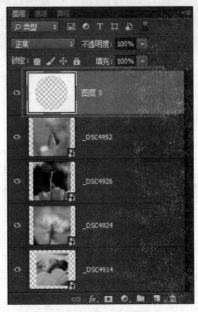

图 820　移动白色底稿图层

关闭其他照片图层前面的可视标识，只保留其中一张，可以看到只有中间圆形部分显露出来，可以运用自由变换工具或移动工具等调整可视图层的大小、位置，觉得合适后，拼合图像。也可以根据需要裁剪成其他形状进行保存。

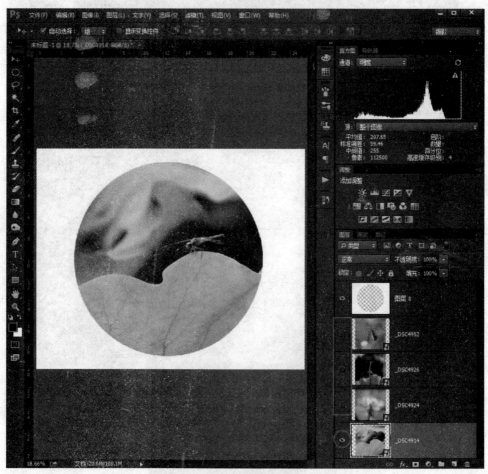

图 821　制作其中一张

图 822　第一张效果

这里看到拼合后只有一个图层了，保存完成后如何再继续做另外三张荷花照片呢？这里很关键的一步就是要退回到没有拼合之前。点击"历史记录"窗口，这里记录了最近50个步骤的操作，找到"图层顺序"应该就是将白色底稿移动到最上面这一步。将已经做好的一张可视标识关闭，打开另一张开始制作，重复调整步骤即可。

如果找不到"历史记录"窗口，可以在菜单栏【窗口】选择项中勾选"历史记录"。

图823　历史记录窗口

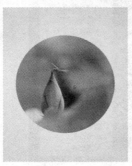

图824　全部效果

2. 在 Ps 界面内,在一个文件内打开一张或多张照片,点击椭圆形工具,按住"Shift"键,在画面中勾画出标准圆形蚁形线,调整一下圆圈的位置,在菜单栏点击【选择】→【反选】,或者使用"Shift+Ctrl+I"快捷键进行反选。出现反选框后,点击界面右下角快捷操作窗口的"创建调整层"标志,在出现的选择栏中点击"纯色",在弹出的拾色器里选择白色,点击"确定"。

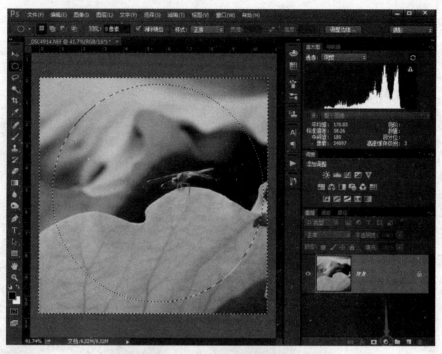

图 825　反选点击创建调整层

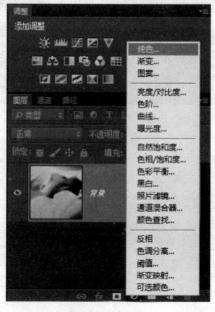

图 826　选择纯色

可以看出调整层生成了一个蒙版,根据蒙板原理白色部分为上图层的颜色,黑色部分则显示下面图层的图片。如果需要调整图片的大小、位置、方向,点击图层后面锁形标志,运用自由变换工具和移动工具即可完成。完成拼合图像后,如果需要完善边框外形可以运用裁剪工具。

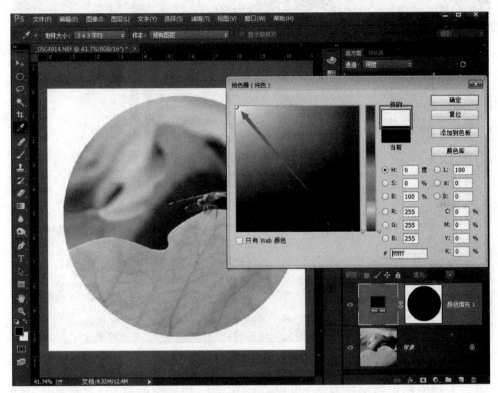

图 827　拾色器

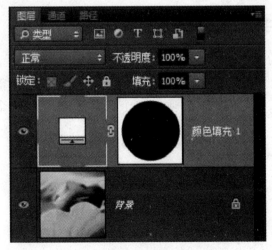

图 828　蒙版效果

运用纯色调整层还有个优点,就是可以任意改变圆形边框的颜色,鼠标双击纯色调整层,在弹出的拾色器上找到需要的颜色,点击"确定"即可。

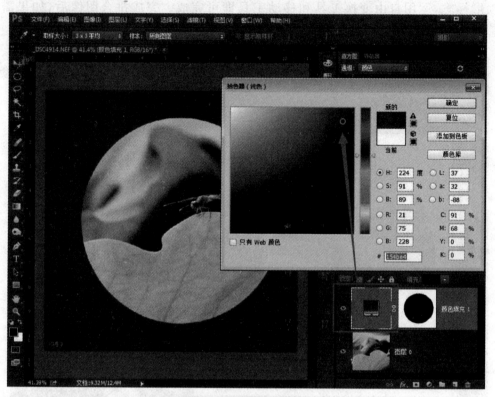

图 829　纯色调整层改变颜色

学会了圆形画框的制作方法,可以进一步推广到更多的形状,关键的一步是要能画出所需要形状的选区,其余的步骤和原理都是一样的。

### 四、添加边框文字,呈现艺术效果

首先运用上面的方法制作出一个内圆外方的边框图片,不要拼合,点击快捷创建窗口"创建新图层",可以看到在原来的图层基础上增加了一个透明"图层 1",点击椭圆形工具,在图片上画出一个比原来略小的一个圆圈蚁形线,将它放置在中间。

Ps 进阶技术调整

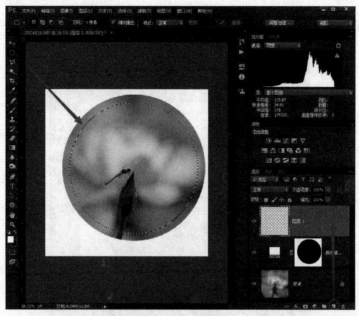

图 830 建新图层 1

如果觉得画出来的圆圈大小不合适，可以在菜单栏点击【选择】→【变换选区】，在蚁形线选区上会出现调整外框。按住"Shift"键，鼠标拉动四个角上的参考点，等比例修改大小，也可移动至中间区域，合适后双击图片，确认修改，方框消失。这一步可以反复做，直到大小位置调整精确为止。

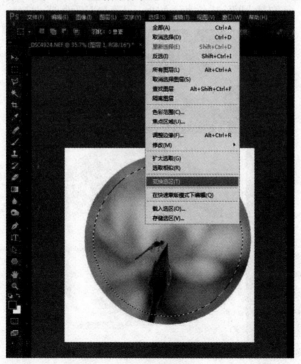

图 831 变换选区

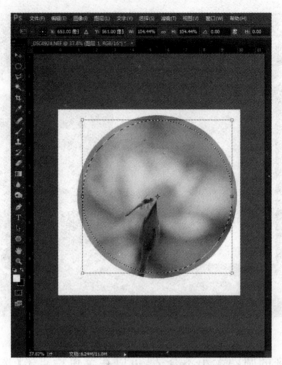

图 832　调整选区

在选区工具下，鼠标右键点击画面，在选择栏内"描边"，设置 5 像素宽度，颜色为白色，位置居中。宽度可以根据实际效果设置，依据图片大小在 2～10 像素。点击"确定"后生成一个细边圆形装饰框，按"Ctrl+D"键取消选区。

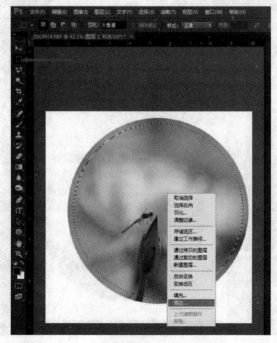

图 833　描边操作

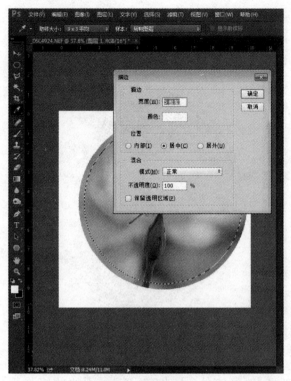

图834 描边设置

再次点击快捷创建窗口"创建新图层",增加透明"图层2",点击矩形工具,在图片上画出一个长方形蚁形线,将它放置在中间。鼠标右键点击画面,选择"描边",因为长方形比较小,设置3像素宽度即可,颜色为白色。点击"确定"后生成一个矩形装饰框,按"Ctrl+D"键取消选区。

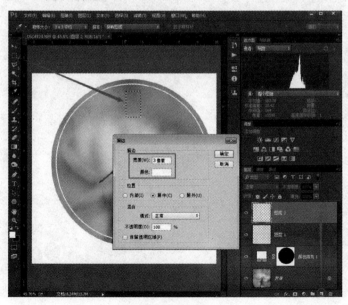

图835 建新图层2

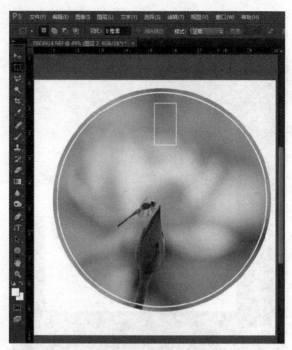

图 836　矩形装饰框

　　点击直排文字工具,选择字体、大小、颜色,在刚才的矩形框内输入需要的文字"夏荷",同时生成文字图层。输入完成后也可以再次调整字体,运用移动工具将文字放置在合适位置。

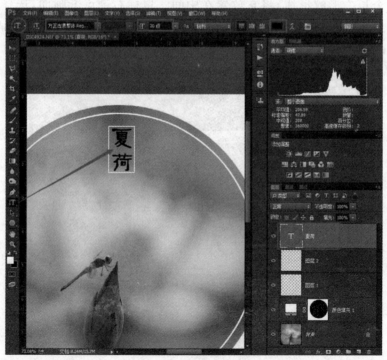

图 837　增加文字图层

第三次点击快捷创建窗口"创建新图层",增加透明"图层 3",一定要将这个图层放置在文字图层的下面,否则下面的设置会遮挡文字。点击矩形工具,在其中一个"荷"字的范围内勾画长方形蚁形线,选择前景色为红色。鼠标右击画面,在选择栏内"填充",在弹出的填充对话框内选择"前景色",或者使用快捷键"Alt+Delete"直接填充前景色。

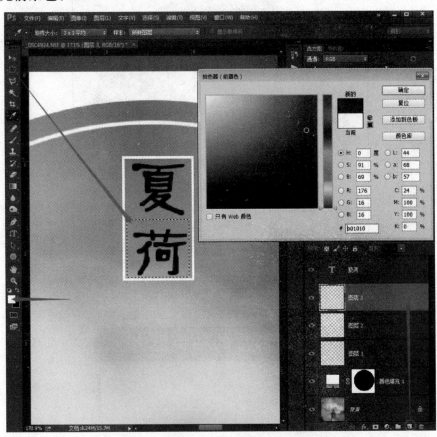

图 838　建新图层 3

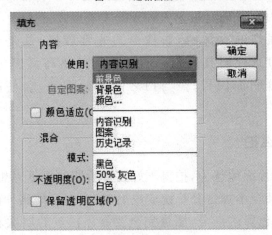

图 839　填充颜色

之所以在前面增加了很多透明图层进行操作,就是为了方便后面的修改。做完之后,可以运用自由变换工具和移动工具分别调整不同的图层效果,更改字体、变换颜色、移动位置等,完善每一个步骤,达到最终的要求。

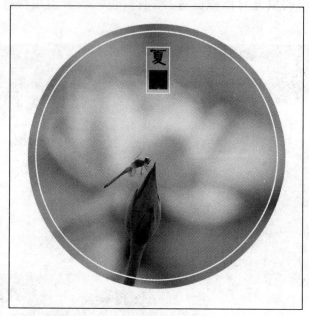

图 840　制作效果

## 黑白照片的独特魅力

### 一、黑白照片的意义

黑白照片从摄影诞生之时起,就以其独特的魅力影响着影像的发展,直至百余年之后的彩色数码时代,依旧是摄影人钟爱的表现形式。

黑白影调具有强烈的立体感,影像形式非常震撼,这是因为人的视觉神经对黑白灰的敏感程度远比对其他色彩的敏感程度要高。黑与白之间对比强烈,会使画面影调结构鲜明而悦目;黑与白之间过渡柔和,会使画面影调结构细腻而丰富。

### 二、黑白照片怎么拍

很多摄影爱好者片面地认为,拍得不好或者后期调得不理想的照片转成黑白就有高大上的感觉了,甚至不加区分统统变成黑白,以为这样照片的艺术性就提高了。其实黑白照片没有了色彩的区分,图像完全要靠黑白灰的层次和过渡来体现,因此拍摄时对于曝光、对焦、构图、思想性的要求更高,需要在光线运用和纹理特点等基本结构的选择上有更高的摄影素养。

数码单反相机拍摄时,要用 Raw 数据格式,这能给后期影调调整很大的空间。控制好感光度不要产生大量噪点;拍摄有纹理特点的场景与物体,这样非常能体现黑白效果的优势;找到具有明显对比度场景,注意光线对事物产生阴影的效果,用明暗来反映层次和立体感。在拍摄时无需先把相机色彩转换成黑白模式,这会降低画质,应该用原来模式拍完,然后在后期软件中转换成黑白即可。

### 三、哪些照片适合处理成黑白

首先来明确彩色与黑白之间的一个概念,在 RGB 的色彩模式下,红、绿、蓝三种颜色很容易区分,当去色转为灰度图像后,就很难区分它们了。也就是说,黑白影像弱化了颜色之间的对比。理论上说,只要色彩信息不是想要传达给观者的核心内容,那么这张照片就可以处理成黑白照片。

图 841　RGB 的色彩模式

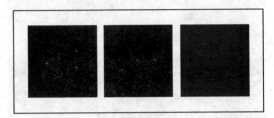
图 842　灰度图像

1. 颜色杂乱,无法取舍,需要用明暗来突出主体的照片,通过把照片转成黑白弱化颜色的对比。适合初涉黑白影像的影友,效果明显,比较实用。

下面这张庭院照片,拍摄主体应该是这位老人,但窗户上的红色对联过于显眼,影响了照片的主题,转成黑白后红色被大幅度削弱,人物突出很多。

图 843　原图

图 844　调整后效果

2. 有历史感、怀旧感的照片。因为大部分老照片都是黑白的,所以会让人回忆历史长河中的东西,比如古镇、老街等题材的照片。

图 845　原图　　　　　　　　　图 846　调整后效果

3. 纹理清晰、线条结构明显、立体感强的照片。

图 847　原图　　　　　　　　　图 848　调整后效果

4. 明暗层次丰富的人像照片、经典人像照片基本都是黑白的。

图849 原图

图850 调整后效果

5. 轮廓突出的逆光剪影照片。

图851 原图

图852 调整后效果

还有一些照片可能不太适合处理成黑白效果：

1. 对比度不足的照片，整体发灰发闷，这时照片影调非常难控制，黑白效果极难把握。

2. 需要用色彩来表达感情的，正面宣传带有暖色调的照片，表现欣欣向荣的主题，如果处理成黑白，会有压抑沉重的感觉。

3. 文艺小清新照片，花红柳绿的场景，以色彩为主体的风光照片。

下面这张集市照片，表现的是多姿多彩的生活，如果变为黑白影调，内涵就失去了很多。蓝天绿树红墙黛瓦的风景照片，如果转成黑白，可能优美环境就无法体现了。

图 853　彩色

图 854　不恰当的黑白

图 855　彩色

图 856　不恰当的黑白

### 四、转黑白的手法

数码照片在后期处理上，可以利用丰富影调去完善黑白的效果，按着主题思想预设的方向去调整。最常用的有去色、灰度、饱和度、通道混合器、渐变映射等转黑白方式。如果是数据文件在 ACR 中调整，可以最大限度地保证照片细节和品质，效果应该是非常好的。

1. 在 ACR 中调整。在 ACR 界面右侧选项栏中，第四项"色彩/灰度"，点击就可以看到"转换为灰度"勾选框，灰度混合模式有"自动"和"默认值"两项，"默认值"即保持照片当前颜色明暗度转为灰度图像，相当于将图片的色彩饱和度降为零；"自动"是软件根据照片明暗度通过计算，给出一个各颜色明暗度调整后的灰度效果图像。两种状态都不见得一定是最终所需要的效果，还要通过对颜色滑杆的调整，改变原色彩的明暗度。滑块向左移动,明度会降低,也就是所代表原色彩区域转换后灰度变深,反之变浅。每一种颜色的明暗调整都不会影响到其他颜色的明暗度变动,这就是分通道调整的优势所在。

图 857　默认值状态

图 858　自动状态

下面这张照片转为灰度图像默认值状态,如果想增加墙面部分的亮度,可以根据墙面橙红色来选择颜色中的橙色滑杆,向右移动,可以看到中间墙面部分明显变亮;如果需要压暗天空区域,可以调整天空所在的蓝色滑杆向左移动,天空部分就变暗了。

图 859　默认值状态下灰度图像

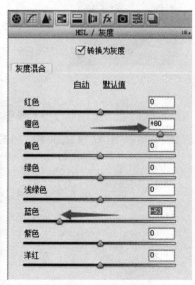
图 860　移动颜色滑块

图 861　调整效果

无论是提亮还是压暗,都是在调整灰度图像的黑白影调,目的是让黑白照片层次感和过渡体现出来。在这个灰度调整栏中,目前仅对原色彩明度进行了基本调整,要进一步完善黑白效果还需要运用 ACR 中的其他选项和工具。

2. 模式转为灰度模式。在 Ps 界面中,在菜单栏点击【图像】→【模式】→【灰度】,图像转为黑白模式,能够得到较为纯正的黑白影调,这种转换最接近于人眼对亮度的识别,可以将所有的信息都保留在灰度空间中,缺点是无法单独对颜色通道进行调整。得到的灰度文件还需要进一步利用色阶、曲线等工具去调整。

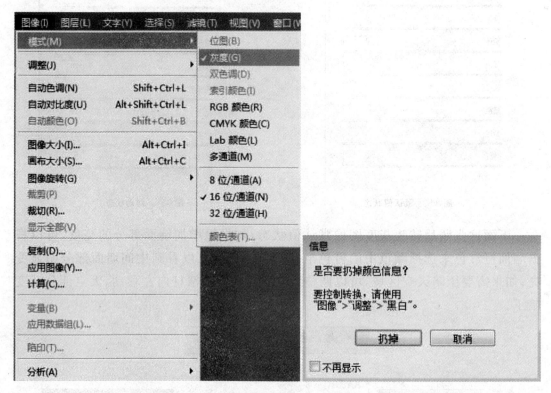

图 862　灰度模式命令　　　　　　　　　　　图 863　提示窗口

3. "去色"命令转黑白。在菜单栏点击【图像】→【调整】→【去色】,或者使用快捷键"Shift＋Ctrl＋U"。使用快捷键转换比较直接简单,可以快速达到黑白效果,但可控性相对较低。

图 864 去色命令

4. 使用"通道混合器"转黑白。在菜单栏点击【图像】→【调整】→【通道混合器】,勾选对话框下面的"单色",图像变成黑白效果。调整红绿蓝三个滑杆的参数,可以改变图像黑白的比例。当三个参数值的和为 100 时,图像就会达到黑白平衡的效果。

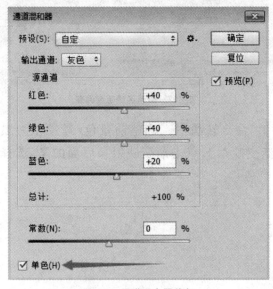

图 865 通道混合器单色

5. 使用"色相/饱和度"命令转黑白。在菜单栏点击【图像】→【调整】→【色相/饱和度】，先在"全图"情况下，将饱和度滑杆向左拉到底，降为－100，整个图像变为黑白，可以选择其中的单个颜色，进行明度调整，原颜色所代表的区域明暗就会有变化。

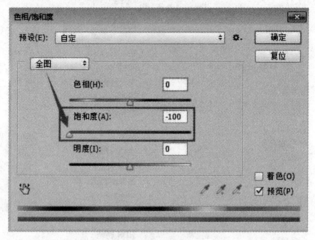

图 866　全图饱和度降为－100

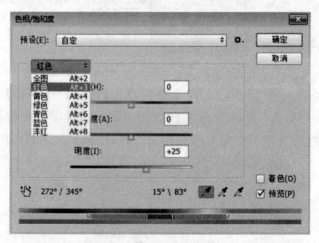

图 867　颜色区域明度调整

6. 使用"渐变映射"命令转黑白。调整前景色/背景色为黑到白，在菜单栏点击【图像】→【调整】→【渐变映射】，点击渐变映射条后面的▼，选择第一个黑白渐变，点击"确定"。

图 868　渐变映射条选择

7. 混合模式转黑白。在原有图层上点击界面右下角快捷窗口栏"新建图层"，出现透明"图层1"，在前景色与背景色黑白状态下，全选"Ctrl+A"图层1，填充白色或者黑色，或者使用快捷键"Alt+Delete""Ctrl+Delete"填充前景色或背景色，将混合模式改为"颜色"，这样彩色图层就转变为黑白图层了。

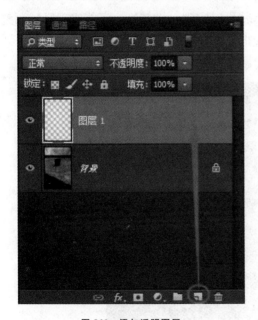

图 869　添加透明图层

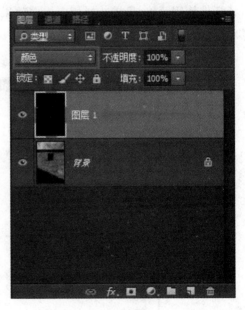

图 870　颜色混合模式

8. Lab明度通道转黑白。先将照片在菜单栏里通过点击【图像】→【模式】→【Lab】转为Lab颜色模式，点击图层栏"通道"，点击明度通道单选，执行全选"Ctrl+A"，复制"Ctrl+C"，点击第一个Lab混合通道，使得所有通道全亮，点击"图层"，回到原图层，执行"Ctrl+V"粘贴，得到新的黑白"图层1"。

用此模式来转黑白是利用了L明度通道，去除色彩通道，同时也去除了一些杂色，得到的是较为明亮通透的黑白影调。

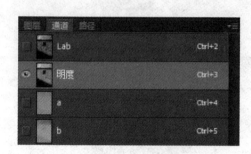
图871 选择明度通道

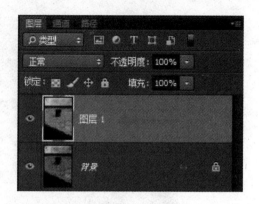
图872 粘贴图层1

9. Nik滤镜中转黑白。Nik滤镜，全称是"尼康专业图像处理套装软件"，有七款功能强大的图像处理插件，分别为 Analog Efex Pro（古典效果滤镜）、Color Efex Pro4（图像调色滤镜）、Dfine2（降噪滤镜）、HDR Efex Pro2（HDR成像滤镜）、Silver Efex Pro2（黑白胶片滤镜）、Sharpener Pro3（锐化滤镜）、Viveza2（选择性调节滤镜）。

其中黑白胶片滤镜算法先进，图像处理优质，是目前一款非常优秀的黑白图像处理软件。该插件使用简单，只需选择相应黑白效果，就可以实现一键转换。还能实现区域调整，能够精确到点来进行微调。这种滤镜可以处理出类似专业摄影工作室处理的效果。

Nik滤镜不是目前版本自带的滤镜，需要购买后进行安装，安装方法在后文阐述。

图873 Nik滤镜所在位置

图 874 黑白胶片滤镜界面

图 875 Nik 滤镜黑白效果

### 五、黑白影像调整的种类

照片调整在黑与白的比例上的不同,会给照片带来不一样的视觉艺术感受,主要可以分为三大类,分别是高光调、中间调和低光调。

1. 高光调。高光调照片简称高调。高调影像就是在色阶范围内主要集中在较明亮的影调区内,画面整体呈现一种浅淡的色调或是白色,画面中有小面积的深色或是黑色用以平衡整个画面,突出主体。照片整体感觉明快、轻盈、高雅。

高调影像在拍摄阶段就要注意,需要光线均匀,没有强烈的明暗所形成过重的阴影,还要求准确的曝光。例如雪景可以成为高调影像的题材,拍摄时需要加一定曝光量,否则照片整体会很暗。

下面这张照片是在清晨有雾的情况下拍摄的,漫射光符合高调拍摄要求,但由于曝光不精准,还是显得整体偏暗。后期转黑白的整体思路就是提亮成高调,增加对比度。

图 876  原图

图 877  高调黑白效果

在 ACR 中,先在选项栏内将照片转为灰度图像,因为照片本身色彩差异并不明显,灰度混合选择自动就可以了。

# 进阶技术调整

图 878 转换为灰度

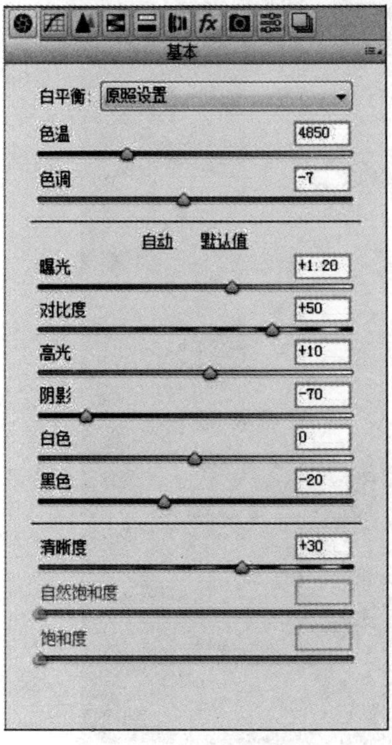

回到基本选项，从直方图可以看到显示影调的峰值出现在中间调，两边都不太够。

先增加照片整体曝光量，增加对比度与清晰度，增加高光或白色部分，减少阴影与黑色，使得暗部深沉一些，进一步加大反差。滑块的数值可以根据预览效果去调整，没有绝对固定的参数，只要大体方向合理正确就可以了。

照片整体去雾的效果有点重，整体加亮后，背景陪体元素就看不清了，为了让后面的山体相对清晰一些，在效果中把去雾数量增加到 30。

通过以上步骤，黑白的影调大致已经完成，打开图像进入 Ps 界面进行精细调整。

图 879 基本影调调整

图 880 去雾

图 881 ACR 中调整的效果

在 Ps 界面中适当裁剪成需要的构图,当然也可以在 ACR 中裁剪。照片整体高调效果还可以再提亮一点。可以运用色阶、曲线等工具进一步进行调整,也可以使用混合模式加蒙版的方式进行局部调整。这样的高调照片处理的一个重要原则是尽可能提亮大部分影像,但是又必须保留高光部分的细节。

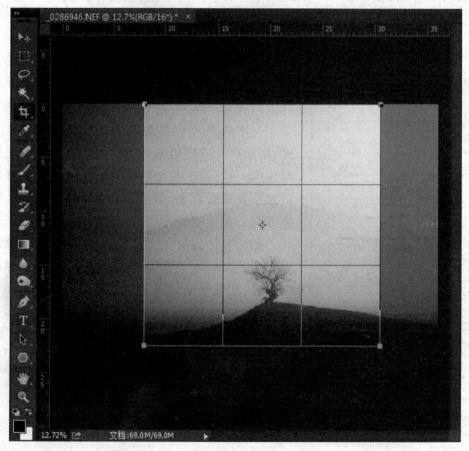

图 882 适当裁剪

图883 进一步调整效果

2. 低光调。低光调照片简称低调。和高调影像正好相反,低调影像在照片画面中大部分是深色的,只有少部分突出的是白色,这样的影调会有深沉、神秘的感觉。

下面这张照片拍摄时正是清晨天刚蒙蒙亮,巷子里的光线很暗,只有路的尽头透着光亮,这样照片如果能将明暗体现出来,就可以成为低调影像。

图884 原图

图885 低调黑白效果

在 ACR 中将照片转为灰度图像,灰度混合选择自动即可,适当修正歪斜。

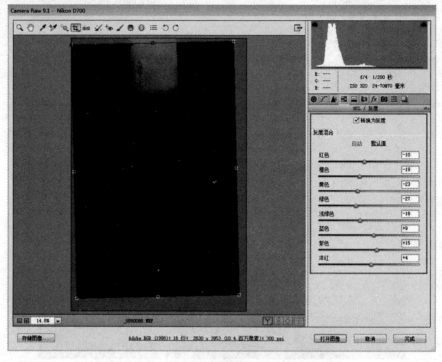

图 886　转换为灰度

照片整体灰度太大,在效果中将去雾值增加到 60,回到基本选项,所有的滑块调整都是在加大对比,尽量把暗的区域压黑,亮的区域加亮。

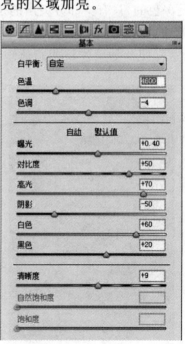

图 887　去雾　　　　　　　　　　图 888　基本调整

从直方图上看,暗的部分相对容易处理,亮的部分还有些缺乏。可以用径向工具将亮的部分再次提亮,选择"内部",羽化值 90,并加大这个区域的对比度。

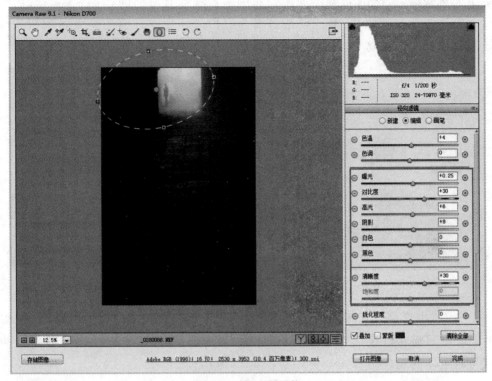

图 889　径向区域调整

打开图像,进入 Ps 界面,可以复制图层,进行混合模式"正片叠底"。为了防止暗部黑死,不透明度改为 40%,加蒙版将明暗关系涂抹得更清晰。

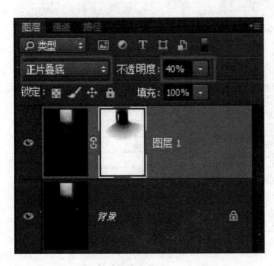

图 890　不透明底为 40% 的正片叠底

图 891　加蒙版涂抹效果

3. 中间调。中间调又称全影调,是黑白照片中最常见的一类,黑白灰分布相对均衡,没有过大面积的黑色或白色,黑白灰的影调层次变化丰富。在其中灰色的过渡是至关重要的,层次的完美体现需要灰层次表现上有所不同。

下面这张老人的照片,是比较适合转为黑白来体现岁月感的。大多数肌肤纹理明显的照片都会采用这一手法,这在摄影思路上很常见。

图 892　原图　　　　　　　　　　　图 893　黑白效果

在 ACR 中将照片转换为灰度图像,整个照片上只有两根红绳亮度明显,所以在灰度混合中只需将红色向左,将明度降下来,其余颜色可以不用去调节。适当裁剪可以凸显主体的表现力。

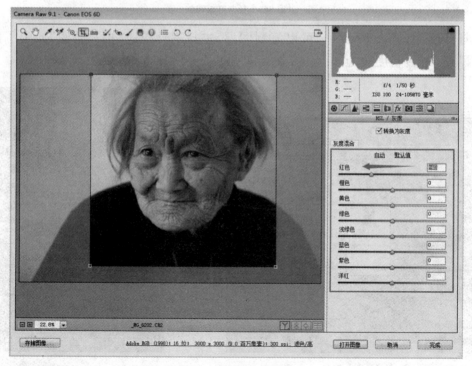

图 894　转换为灰度裁剪

为了增加岁月感的效果,需要加强黑白效果的对比度。在基本选项内适当调整各项滑杆数值,利用工具做局部明暗处理,做到主体脸部亮度略比其他区域高,背景亮度一定要降下来。

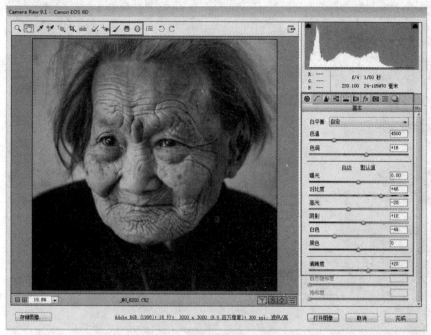

图 895　基本项影调调整

将图片放大至 100% 观察,可以看到拍摄时景深稍浅,面部不是所有部位都非常清晰,可以打开细节选项栏,增加锐化效果。

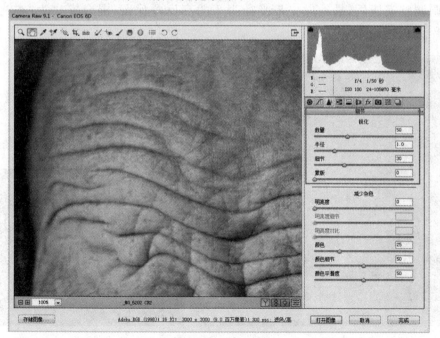

图 896　细节增加锐化

打开图像进入 Ps 界面，照片脸部的立体感觉还不 是很强烈，需要曲线工具和混合模式将亮部和暗部进一步体现出来。

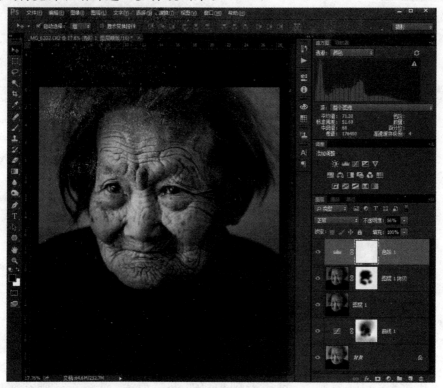

图 897　Ps 界面影调处理

影调调整完毕后，最后做一步半径为 4 的高反差保留，混合模式为"柔光"来对整体图片进行锐化。

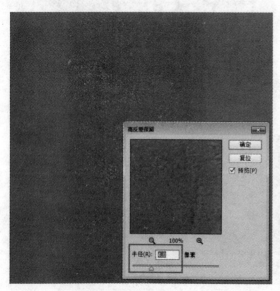

图 898　高反差保留

图 899　柔光混合模式

## 安装自己喜欢的滤镜，丰富做图手法

滤镜是用来实现图像的各种特殊效果的一类工具，是很多Ps基本步骤的集合，操作简单，效果神奇。Ps软件本身自带了一部分滤镜，直接在菜单栏内使用就可以了。还有的滤镜是以插件的形式，需要另外购买安装在软件中才能使用。

可以看到在Ps软件菜单栏里，专门有【滤镜】一栏，无论是自带滤镜还是安装滤镜，都在这个栏内显示，使用时也是通过这里执行相应滤镜效果命令。

### 一、软件自带滤镜

自带的滤镜前面已经介绍过了一部分，比如"Camear Raw滤镜""模糊""锐化""杂色""高反差保留"等，下面再介绍几种实用的滤镜作图方法。

1. 液化。这是用来塑造图像边缘形状的一种滤镜工具，主要用在接片后图像缺损的弥补，和女性人像形体修饰上。

下面这张接片图，因为镜头的原因，拼接完成后图像的四周会有不整齐的边缘，通常最简单的办法就是把没有图像的部分裁剪掉，不过这样虽然很方便，但缺点是会把原来边缘的有效像素浪费掉，图片也变得细长。这时可以运用液化工具弥补边缘，尽量减少图片的像素损失。

图900　滤镜菜单

图 901　拼接图片

图 902　裁剪去边

拼接完成后，在菜单栏点击【图层】→【拼合图像】，这时图像四边有缺损，露出了灰白格的透明底。复制图层，点击【滤镜】→【液化】，在液化对话框内点击左上角第一个"向前变形工具"，会在画面上生成一个圆形，在右侧的工具选项中，"画笔大小"就是这个圆圈的大小，可以移动滑块改变，也可以使用中括号键缩放；"画笔密度"指的是变形羽化量，建议值 50 左右；"画笔压力"是变形移动的强度，建议值 70 左右。

将圆圈放大一些，能够覆盖大部分天空，但不要碰到山体。按住鼠标将天空部分往空缺处移动,填补灰白格的透明底层。填补完一处,移动圆圈再进行填补,直到天空全部被恢复。以同样的操作方式,填补下面区域的植物和两边的图像。

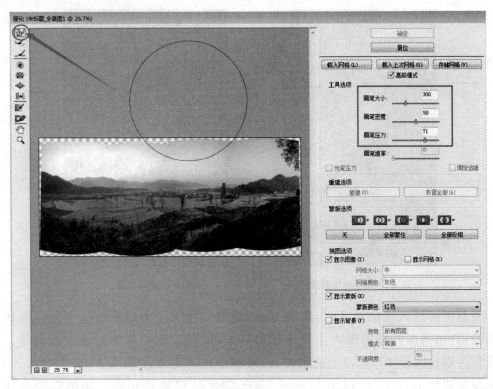

图 903　液化填补

当绝大部分被填补完成后,可以点击"确定"回到 Ps 界面。仔细查看上下图层,画面主体有没有液化变形,如果有的话需要加蒙版涂抹回来。这时可能还有很小的局部是透明底的,根据需要运用局部区域缺陷修补的方式进一步完善,即便裁剪也可以把像素损失降到最低限度。

图 904　局部修补进一步完善

女性人像照片在拍摄中总会有瑕疵,液化功能可以很好地改善脸部轮廓和形体上的不足,一般需要修改的部位集中在胳膊、腿部、腰部和脸部等。

图 905　需要修饰的部位　　　　　　　　图 906　完成效果

复制图层进入液化对话框,选择"向前变形工具",因为需要对每个部位做比较精确的调整,所以控制圆圈大小是比较重要的,根据液化效果不断地进行调整。还需要将图像放大至100%以上进行观察,每次液化推进量不要太大,以免变形失真。如果发现液化不合适,可以用"Ctrl+Alt+Z"快捷键撤销步骤。如果需要全部重做,勾选"高级模式",点击"恢复全部"就回到液化前的状态。

人物液化是对前期拍摄缺陷的弥补,或是对人物造型的修饰,需要遵循真中求美的原则,如非商业需要,不建议做大幅度夸张的液化。

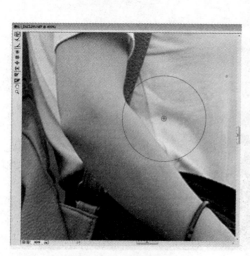
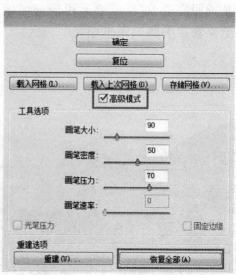

图 907　放大视图　　　　　　　　　　　图 908　高级模式

2. 模糊画廊。这是新版 Photoshop CC 所拥有的模糊、运动特效,可以制造特殊的视觉效果。

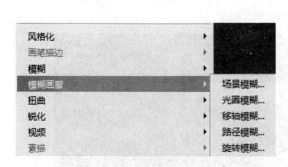

图909　模糊画廊

图910　原图

打开照片,复制图层,进入【滤镜】→【模糊画廊】→【场景模糊】,照片上会出现第一个参考点。先将这个参考点移动到需要清楚的区域,然后设置"模糊"像素为 0,然后在周边需要模糊的区域按动鼠标增加第二个参考点,设置"模糊"像素值,数值越大,从第二个参考点到第一个参考点之间的区域就越模糊。根据需要可以设置第三、第四甚至更多个参考点,分别设置"模糊"像素值,达到不同的模糊效果。点击参考点,可以移动位置,按"Delete"键可以删除。调整合适后点击上方属性栏"确定"完成。如果模糊的区域需要修正,可以加蒙版进行涂抹。这种方式有点类似线性渐变改变清晰度。

图911　场景模糊效果

使用【光圈模糊】会在照片上产生一个椭圆,"模糊"值代表椭圆外区域的模糊量。下图中 A 点为清晰原点,可以点击移动。标记为 B 的四个白点可以调节,代表模糊过渡的羽化量。标记为 C 的四个白点可以改变椭圆的大小和圆度。D 处方形白点可以调整弧线弯曲度。椭圆线边缘 E 点可以进行旋转调整。如果需要添加第二处清晰点,可以用鼠标在所需要的区域再增加参考点。参考点可以移动位置或删除。这种方式类似于径向渐变改变清晰度。

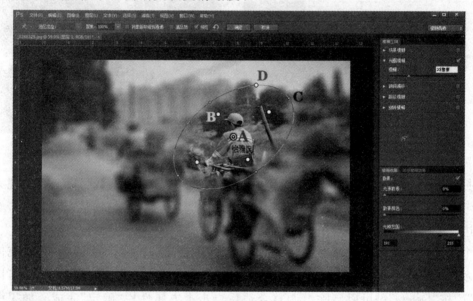

图 912　光圈模糊效果

【移轴模糊】又称倾斜偏移,可以模仿移轴成像效果。四根参考线将照片区域划为五个部分。最中间的 A 区域全部为清晰带,可以移动。D 线到 C 线之间为羽化过渡区域,宽度可以通过这两根参考线调节。D 线上的 B 点可以旋转倾斜角度。四根参考线可以分别移动调节,制造所需要的移轴效果。

图 913　移轴模糊效果

【路径模糊】的使用相对复杂一些。一条蓝色的路径，代表模糊的方向。A点为起始端，B点为终点，这两个点可以调整移动位置。C点可以控制路径的弯曲度，调整模糊的形状。D点可以设置起点与终点的效果。"速度"指图像的路径模糊量；"锥度"是调整路径模糊终端的强弱，随着数值增大模糊逐渐减弱；"居中模糊"默认是取消；"编辑模糊效果"可以对"终点速度"进行变更设置。路径模糊计算数据量比较大，电脑配置不高会造成运行缓慢。

图 914　路径模糊效果

【旋转模糊】比较容易理解，产生的椭圆框内形成旋转模糊的效果。A点为中心清晰点，并迅速向外模糊，这个点是可以移动的。四个白色B点控制模糊羽化范围。四个C点控制椭圆外围的形状。D点线段可以旋转椭圆框。如果需要所有车轮都有旋转效果，可以用鼠标再增加参考点。

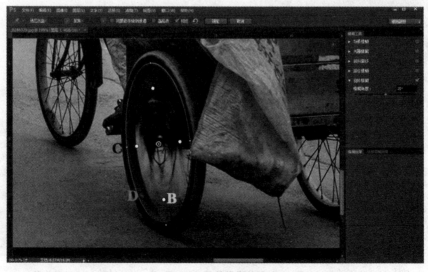

图 915　旋转模糊效果

以上模糊的方式既可以单独使用,也可以同时使用,需要哪几类只要进行勾选设置就可以了。

图 916　同时勾选模糊方式

3. 渲染。渲染滤镜主要起到烘托画面气氛的作用。比如需要在原照片上增加光照的效果,可以直接点击【滤镜】→【渲染】→【镜头光晕】,点击镜头类型,选择需要的效果,调整亮度滑杆,用鼠标把光晕的中心移动到合理位置,点击"确定"完成。

图 917　渲染菜单

图 918　镜头光晕对话框

图 919　光晕效果

为了增加冬日气氛，可以在雪景上使用云彩效果。

图920　原图

图921　分层云彩效果

打开照片，点击快捷操作窗口创建一个新图层。第一步点击【滤镜】→【渲染】→【云彩】，第二步点击【滤镜】→【渲染】→【分层云彩】，目的是让效果更自然一些。

图922　建立新图层

图 923　云彩

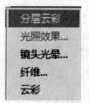
图 924　分层云彩

将得到的渲染图层混合模式选择"滤色"。过滤掉黑色部分，只保留白色部分作用在下面的图层上，就得到了江南下雪朦胧的意境效果。

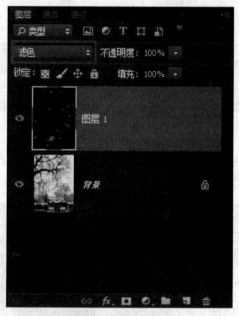
图 925　混合模式滤色

4. 滤镜库。这是 Ps 软件预装的一些成品滤镜命令，只需要做相应选择就可实现明显效果。点击【滤镜】→【滤镜库】就可以直接打开效果预览，喜欢哪种风格，点开相应风格前面的三角，出现风格小图，点击选择即可。在最左侧还有相应风格效果的调整滑杆，非常方便。

图 926　滤镜库菜单

图 927　滤镜库选项

图 928 滤镜库对话框

如果【滤镜库】显示灰色不可用状态,可以点击【图像】→【模式】→【8位/通道】,图像改为 8 位/通道仍然不能使用滤镜库,就需要更换 Ps 软件安装新版本了。

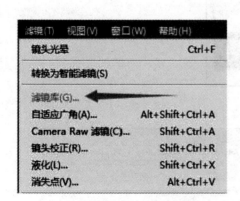

图 929 滤镜库不可用

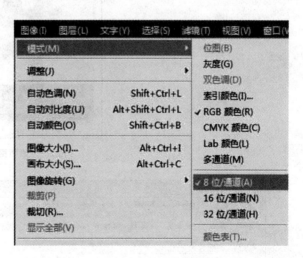

图 930 更改图像位通道

图 931　玻璃效果　　　图 932　水墨效果　　　图 933　纹理效果　　　图 934　油画效果

## 二、安装滤镜

下面这些滤镜是需要单独下载后，安装到 Ps 软件程序相应位置才能使用的。具有功能专一、效果强大的特点。

1. 人像磨皮。下载磨皮滤镜软件 Portraiture，解压后打开文件夹，将其中"Portraiture_64"文件复制粘贴到 Ps 软件安装程序内，一般路径为 C:/Program Files/Adobe/Adobe Photoshop CC 2015/Plug－ins

图 935　滤镜插件

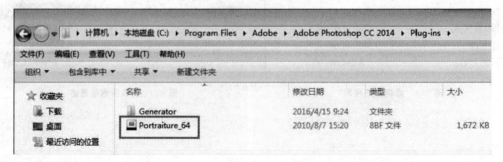

图 936　安装位置

启动 Ps 软件，打开一张照片，在菜单栏点击【滤镜】，就可以在下方的自定义滤镜区找到安装好的 Portraiture 磨皮滤镜。

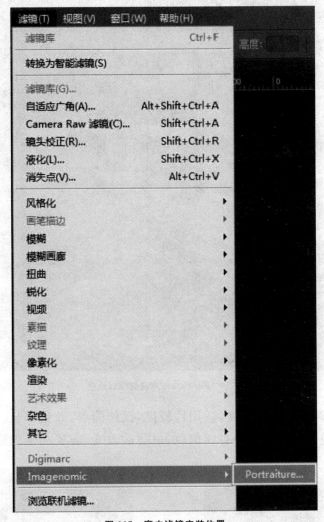

图 937　磨皮滤镜安装位置

　　点击 Portraiture 磨皮滤镜进入调整对话框，使用吸管工具，在左边预览图上点击所要磨皮的部分，右侧就可以看到磨皮效果。通过调整左侧上方"细节平滑"参数和下方"增强功能"调整滑杆可以获得更加精细的肤色。可以用下方的缩放滑杆放大视图观察磨皮细节，调整适当后点击右上方"确定"。如果觉得效果不到位，可以再一次执行磨皮滤镜命令。

图 938　Portraiture磨皮滤镜对话框

　　这款磨皮滤镜软件安装方便，适用性较广，操作简单，效果明显。磨皮针对的是肌肤范围内的颜色，如果环境中有相似色，也会被改变，需要加蒙版涂抹回来。

图 939　原图

图 940　磨皮效果

　　2. 光效滤镜。有光效作用的滤镜有很多种，都是模拟自然光源或人工光源对拍摄环境形成的氛围。

Knoll Light Factor 灯光工厂是其中效果比较好的滤镜,下载安装包,解压后双击安装文件。

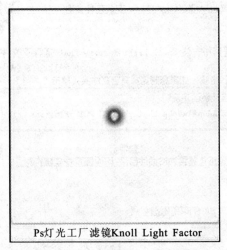

图 941　光效滤镜安装文件

图 942　安装界面

安装程序和电脑安装普通程序是一样的,在选择安装目录时,填入 C:/Program Files/Adobe/Adobe Photoshop CC 2015/Plug-ins,选择 64 位进行安装,点击下一步直至完成。

图 943 选择安装路径

安装完成后,启动 Ps 软件,打开照片,点击【滤镜】→【Knoll Software】就可以看到安装好的光效滤镜了,点击即可进入。

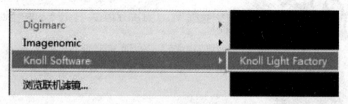

图 944 光效滤镜安装位置

在光效滤镜对话框,左侧栏显示了各种效果,双击小图,光效就直接加载在照片上。鼠标移动光效的中心就可以移动光效位置,还可以控制光效的亮度、颜色、范围等。在右侧调整栏内还可以调整光效的组成元素,根据需要进行组合调整,创意空间很大。

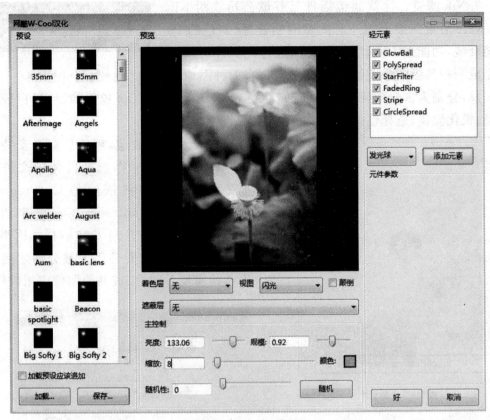

图 945 光效滤镜对话框

图 946 光效一

图 947 光效二

3. Nik 滤镜。这款滤镜插件是谷歌公司收购 Nik Software 后重新推出的一套图像后期处理、调色的 Ps 滤镜套装，功能强大而且非常专业，通过此插件可以快速完成一些高级的修图效果。目前包含有七种图像处理工具，分别为古典效果滤镜、图像调色滤镜、降噪滤镜、HDR 成像滤镜、黑白胶片滤镜、锐化滤镜、选择性调节滤镜。

图 948　Nik 滤镜标识

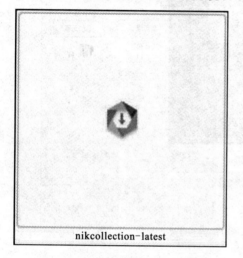

图 949　安装文件

下载 Nik 滤镜安装包，解压后双击安装文件"nikcollection－latest"，选择简体中文进行安装，安装目标文件夹依然是 C:/Program Files/Adobe/Adobe Photoshop CC 2015/Plug－ins。其余的步骤和普通安装一样。因 Nik 滤镜插件数据量较大，安装需要数分钟才能完成。安装前需要关闭 Ps 或其他图像应用软件。

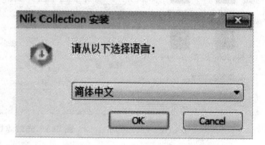

图 950　选择语言

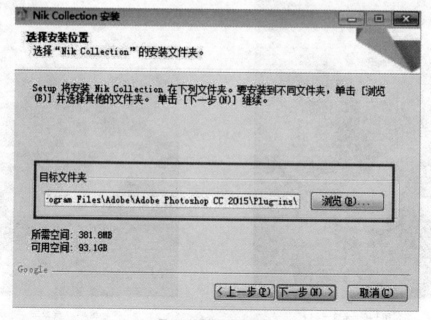

图 951　选择安装文件夹

# Ps 进阶技术调整

安装完成后还需激活插件。双击解压文件内的"NikCollActivate"文件,自动运行激活程序,完成后即可启动 Ps 软件。打开一张照片,在菜单栏点击【滤镜】,就可以在自定义滤镜栏里看到 Nik 滤镜及其所包含的七种工具。

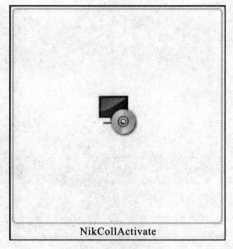

图 952　激活文件

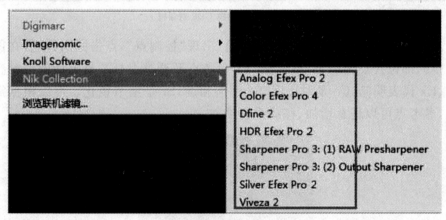

图 953　Nik 滤镜

例如将一张风光照片点击【滤镜】→【Nik Collection】→【HDR Efex Pro2】进入 HDR 效果调整,可以看到左侧栏有可供选择的效果类型,右侧栏可以针对每一种效果进一步做色调和影调的调整。还可以运用控制点功能,对图像局部进行对比度、饱和度等调整。

图 954　Nik 滤镜 HDR 对话框

点击右侧"选择性调整"前面的小三角,出现"控制点",点击圆圈,然后在图像所需要调整的部位再点击一下,就出现一个参考点及调整滑杆。最上面的是调整范围的大小,Ex 代表明暗,Co 是对比度,Sa 是饱和度,St 是细节锐化。可以根据需要分别调整,参考点可以任意增加、移动或删除。

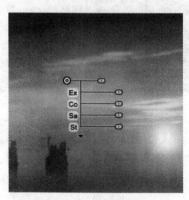

图 955　控制点调整

调整完毕后,点击左下角"确定",软件进行运行并显示效果。Nik 滤镜计算相对复杂,对电脑硬件配置要求较高。

所有的滤镜都是辅助提升照片效果的,不要滥用滤镜让照片失真,或是让花哨的滤镜效果影响照片本身主题思想的体现。自定义滤镜根据需要安装,装得过多会影响 Ps 软件的运行。